日経文庫
NIKKEI BUNKO

財務諸表の見方〈第14版〉

日本経済新聞社［編］

日本経済新聞出版

まえがき

「減損」や「のれん」「繰延税金資産」といった企業会計の専門用語は今や、テレビや新聞が報じるニュースで接することが珍しくありません。こうした会計用語を理解しなければ、現代の複雑になった企業活動の本当の姿はわからないのです。

会計は専門家だけが使うものではありません。取引先のことを深く理解したいセールス担当者や、就職先について調べたい学生も、基礎的な知識を身につけたほうが自分のためになります。

いったん慣れてしまえば、決算書を読むのは難しくありません。まったくの初心者は、本書を最初から丁寧に読み進めてみてください。ひとまず、第5章まで読めば、決算書を読みこなす基礎体力が身につきます。調べたい会計用語を目次から探して、気になるページを拾い読みするのもいいでしょう。

第6章以降は、連結決算ベースの財務諸表の仕組みや、減損会計など近年になって新たに導入された会計基準について解説しています。最新の会計基準もできるだけ取り入れ、網羅性を高めています。新たな会計ルールが登場した背景や歴史的な変化も踏まえながら解説しています。会計の決まりごとも、その意味するところや狙いをおさえれば、より理解しやすくなります。

第9章「企業価値の見方」では、会社の価値を算定する基本的な方法も学べます。多くの会社が成長戦略のひとつとして、M&A（合併・買収）やスタートアップへの投資に積極的に取り組んでいます。過去の実績を検証するだけでなく、将来の成長性を読み解く大切さが増すなど、決算書を読む目的が多様になっています。M&A戦略を進めるには、財務諸表をもとに会社の価値を算定する力も必要です。そんな実務家のニーズに応える内容にしました。

本書は初版が1960年と、日経文庫のなかでも歴史のある本です。2019年7月以来、3年半ぶりに改訂しました。株式や債券などの時価や会計監査に関する情報開示の最新動向、売上高の新ルールに伴う変化などを、実例を交えてアップデートしました。今回の改訂は三反園哲治が担当しました。

2023年1月

日本経済新聞社

目次

COFFEE BREAK

第1章

財務諸表とは

●財務諸表は、会社の経営成績や財政状態を数字で表すものです。会社は、これらを株主や債権者などに公開することを、会社法や金融商品取引法によって決められています。

●主な財務諸表には、「貸借対照表」「損益計算書」「キャッシュフロー計算書」があり、有価証券報告書や決算短信に盛り込み公表されています。

●民間機関の企業会計基準委員会が、財務諸表を作成するためのさまざまな会計基準を、新たに設定したり改正したりしています。

1　財務諸表の役割

財務諸表は会社の成績表です。売上高や費用、利益をみる「損益計算書」や、どんな資産や負債を抱えているのかがわかる「貸借対照表（バランスシート）」などがあります。会社は「会社法」や「金融商品取引法」によって、財務諸表を株主や債権者といった利害関係者へ公開することを義務付けられています。

会社が活動していくには、お金を出してくれる株主や債権者、取引先などの存在が不可欠です。国や地方自治体なども税や補助金などを通じて会社経営に関わっています。日ごろから会社を支える従業員や取引先は言うまでもありません。会社は消費者や地域社会などの利害とも折り合いをつけながら活動する社会的な存在です。

会社が経営内容を利害関係者へ公開することを一般に、ディスクロージャー（情報開示）と言います。その基本となるのが財務諸表です。

証券取引所に株式を上場している会社つまり上場会社の株主になったとしましょう。一般にまず、1年間の決算が終わって2カ月あまりたつと、会社から定時株主総会の「招集通知」と一緒に、総会の議案や財務の書類が送られてきます。日本の上場会社の決算期は3月末に締まる例が圧倒的に多く、こうした書類も例年6月に入ってから届くのが一般的です。

株主総会が終わると今度は、総会決議の通知、配当金についての書類などが送られてきます。こうした書類のなかで重要な部分を占めるのが、貸借対照表や損益計算書などの財務諸表です。株主は「会社の持ち主」の立場から、こうした資料に基づいて経営を監視していきます。投資家が資金を拠出して事業活動による運用を経営者に委ねる「委託・受託関係」が株式会社制度の根本です。コーポレート・ガバナンス（企業統治）の枠組みを支えるためのチェック機能のよりどころが財務諸表ということになります。

財務諸表は、外部の利害関係者にとってだけでなく、社内の関係者にとっても大変有用です。経営計画を練ったり経営方針を決めたりするのに役立つからです。

財務諸表は、株主や社内の関係者でなくても見られます。一定の規模を超える会社の場合、新聞や官報、インターネットのホームページに貸借対照表、損益計算書を開示する「決算公告」が掲載されます。株式を上場している会社の場合は、証券取引所、インターネットなどで「有価証券報告書」や「決算短信」を閲覧できます。上場会社のほとんどは、これらの決算資料を過去に公表した分も含め自社のホームページ上でも公開しています。

2　財務諸表の種類

財務諸表にはさまざまな種類のものがあります。なかでも貸借対照表、損益計算書の2つの財務諸表がとくに重要です。とりあえず、貸借対照表（バランスシート）は、ある時点の会社の財政状態を表し、損益計算書はある期間の会社の経営成績を示したものだと理解してください。この2つをみれば、会社がどれだけの資産を使って（貸借対照表）、どれくらい稼いだか（損益計算書）がわかります。

もうひとつ、キャッシュフロー計算書も大切です。会社は黒字で利益が出ていても、倒産することがありえます。仕入れ代金の支払いが1カ月後なのに販売代金の受け取りは半年後にしているなど、さまざまな理由により、利益が出ていたとしても資金繰りが行き詰まるためです。現金の出入り（キャッシュフロー）を表すのが、このキャッシュフロー計算書という財務諸表です。

上場会社は2000年3月期から連結キャッシュフロー計算書の作成を義務付けられました。貸借対照表と損益計算書、キャッシュフロー計算書の3つが財務諸表の基本です。さら

図表1－1　財務諸表の種類

法律	金融商品取引法	会社法
名称	財務諸表	計算書類
作成書類	貸借対照表 損益計算書 キャッシュフロー計算書※ 株主資本等変動計算書 附属明細表	貸借対照表 損益計算書 株主資本等変動計算書 注記表 事業報告 附属明細書

（注）　計算書類は事業報告、附属明細書を含める場合は計算書類等という。附属明細書は計算書類、事業報告にそれぞれある。※は連結で開示すれば単独は不要

に、財務諸表には株主資本等変動計算書と附属明細表があります。金融商品取引法による財務諸表とは、これら5つをいいます（図表1－1）。

さて前項では、会社は会社法や金融商品取引法により財務諸表の公表を義務付けられていると説明しました。つまり、会社はこれら2系列の開示制度に基づいて財務諸表を公表します。ところが、それぞれの開示制度で公表を義務付ける財務諸表が違うのです。会社法と金融商品取引法とでは、だれに向かって情報を提供するか微妙に違うからです。

会社法は、債権者の保護を重視します。弁済能力や配当能力が情報開示のポイントとなります。これに対し、金融商品取引法は、株主やこれから株主になる可能性がある投資家を強く意識します。収益性や成長性をより重視します。また、金融商品取引法では、グループ企業を

含めた連結が開示の中心です。会社法では、個々の企業、すなわち単独が開示の中心になります。

会社法では、財務諸表を「計算書類」と呼び、貸借対照表、損益計算書、株主資本等変動計算書、注記表の4つとします。このほか、事業報告、附属明細書（計算書類及び事業報告）も作成する必要があります。これら6つを「計算書類等」と呼びます。

3　公表のしかた

金融商品取引法では、証券取引所に株式を上場している会社や一定額以上の有価証券を募集する会社に対して、財務諸表を中心にした有価証券報告書や有価証券届出書を提出するよう義務付けています。上場会社は有価証券報告書の作成に先立ち、「決算短信」という書類を作って一般に公表します。決算期末からの公表の流れは次のようになっています。

まず、決算期末が過ぎると、会社は過去1年間の損益状況や期末日の資産・負債・純資産の状況を示す財務諸表の作成を本格化します。早い企業では期末日から半月以内、遅くても1カ月半以内には作業を終え、損益計算書、貸借対照表、配当などの決算案について、取締役会に諮ります。その承認を得たうえで、企業はこれらを盛り込んだ決算短信を証券取引所などで発表し、新聞やインターネットなどを通じて株主、投資家や債権者に経営状況を開示します。

決算短信とは証券取引所のルールに従い、上場会社が決算結果をまとめた書類です。株式を売買する投資家にとっては、財務諸表の内容の正確さとともに、いち早く公表するスピードも大切なのです。東京証券取引所では決算短信を決算期末から45日以内に公表するよう上場会社に求めています。

金融商品取引法に基づく正式な書類である有価証券報告書の提出期限は決算期末から3カ月以内と決まっています。決算短信は速報のような役割を果たし、その後、少し時間をかけてより詳しい情報を盛り込んだ有価証券報告書が出てくるわけです。有価証券報告書の作成にあたっては、会社は監査法人（公認会計士）による会計監査を受ける必要があります。

決算の結果報告としては、年1回の「本決算」のほか、半期時点の「中間決算」、3カ月ごとの「四半期決算」があります。四半期決算についても本決算と同じように、上場会社は四半期決算短信を出した後に金融商品取引法に基づく「四半期報告書」の提出を義務付けられています。四半期報告書の提出期限は四半期決算期末から45日以内と金融商品取引法で決まっています。このため、通期決算の時と同じように四半期の決算短信も45日以内に公表されます。四半期の決算開示は、従来は証券取引所の自主ルールのもとで行われていましたが、2009年3月期からは金融商品取引法で開示が義務付けられました。上場会社では、銀行、保険を除いて「中間決算」はなくなり、決算は年1回の本決算と年3回の四半期決算に整理されました。

4　企業会計原則とは

企業会計原則は財務諸表を作成するための基本的なルールを定めています。しかし、古いルールのため、その後に導入した会計基準と矛盾する部分があり空文化している面もあります。ここでは、会計の大まかな考え方を理解するうえで助けになるので概略を解説します。

企業会計原則は「一般原則」「損益計算書原則」「貸借対照表原則」の3つがあります。そのうち、一般原則には、次の7つの原則があります。①真実性、②正規の簿記、③資本取引・損益取引区別、④明瞭性、⑤継続性、⑥保守主義、⑦単一性——の7つです。

このうち、3番目の「資本取引・損益取引区別の原則」は、元手である資本と果実である利益を明確に区別することを意味します。5番目の「継続性の原則」は、企業の都合で会計処理の方針をくるくる変えないように定めたものです。6番目の「保守主義の原則」は、企業経理の堅実性を狙ったもの、7番目の「単一性の原則」は、目的によって形式が違う財務諸表をつくることがあっても、その内実は単一のものであることを要求しています。

5　会社法と金融商品取引法による規定

日本の会計ルールは会社法と金融商品取引法の両方に規定があり、わかりにくくなっています。この関係を整理しましょう。まず会社法は、財務諸表（計算書類）について、基本的で重要な事項だけを規定しているにとどまっています。細かい事項は法務省令の「会社計算規則」に委任しています。実際にはこれだけでは不十分なので、会社法は第431条で「株式会社の会計は、一般に公正妥当と認められる企業会計の慣行に従うものとする」と規定しています。「一般に公正妥当と認められる企業会計の慣行」は企業会計原則や、企業会計審議会、企業会計基準委員会が策定する会計基準などを指しているといわれます。

一方、金融商品取引法には財務諸表の作成方法が存在せず、第193条で「内閣府令で定める用語、様式及び作成方法により、これを作成しなければならない」としています。具体的には、金融庁が内閣府令として公表する「財務諸表等規則」や「連結財務諸表規則」に委ねています。やはりこれらだけでは不十分なので、両規則とも第1条で「この規則において定めのない事項については、一般に公正妥当と認められる企業会計の基準に従うものとする」と規定しています。この「一般に公正妥当と認められる企業会計の基準」とは企業会計原則や、企業会計審議会、企業会計基準委員会が公表した会計基準を指します。

ここで疑問を持つ人も多いでしょう。会社法の「企業会計の慣行」と金融商品取引法の「企業会計の基準」はどう違うのか、と。会社法は上場していない中小企業も対象にしています。上場会社と同じ詳細な会計ルールを中小企業に適用するのは無理があります。中小企業の会計処理は「不文の会計慣行」に委ねられている部分が多く、会社法は企業会計の慣行としているわけです。日本税理士会連合会、日本公認会計士協会、日本商工会議所、企業会計基準委員会が公表している「中小企業の会計に関する指針（中小指針）」は、中小企業にとって企業会計の慣行に該当すると考えられます。2012年2月には中小指針より簡便な「中小企業の会計に関する基本要領（中小会計要領）」も公表されています。

企業会計原則は、1949年に経済安定本部企業会計制度対策調査会（現在の金融庁企業

会計審議会）の手で生まれました。しかし、１９８２年が最終改正でそれ以後は改定されていません。「連結財務諸表会計基準」「退職給付会計基準」「金融商品会計基準」など新しい会計基準は独立して設定され、企業会計原則を補完しています。企業会計原則は古いまま取り残されており、現在のルールと整合性がとれなくなっています。たとえば、金融商品会計基準で時価のある有価証券には時価会計が導入されましたが、企業会計原則では取得原価と書かれています。このため、企業会計原則は公認会計士や税理士の受験者ぐらいしか真剣に読まないといわれています。企業会計原則をどうするかは大きな課題です。新しい会計基準は民間機関の企業会計基準委員会が設定しています。

このほか、税務会計という分野もあります。税務会計の目的は法人税の計算です。会社法の損益計算書をベースに調整を加えて課税所得を計算し、支払うべき法人税を決めます。日本の企業会計は会社法、金融商品取引法、税法が絡み合う「トライアングル体制」と呼ばれています（図表1-2）。一般に企業会計という場合は金融商品取引法に基づく企業会計を指します。

図表１-２　会計のトライアングル体制

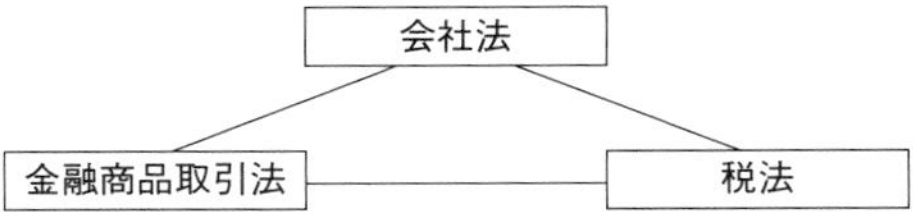

6　会計監査と公認会計士制度

上場会社は、金融商品取引法の定めにより有価証券報告書、有価証券届出書などを作成します。その際、公認会計士・監査法人による監査証明を受けるよう決められています。公認会計士による会計監査は、財務諸表が会計ルールに従って適正に作成されているか「お墨付き」を与える制度といえます。

会計士は、不正な会計処理が起きないよう監視します。有価証券報告書には、公認会計士・監査法人による監査意見を盛り込んだ「監査報告書」を掲載します。

年度監査の監査意見には「無限定適正意見」、「限定付適正意見」、「不適正意見」、「意見不表明」の4種類があります。通常は無限定適正意見ですが、上場会社の場合、監査報告書に「不適正意見」または「意見不表明」が記載され、その影響が重大であると取引所が認めると、上場廃止基準に該当することになります。

監査報告書そのものは定型の文章を使った形式的な内容で、会計士が適正と判断したかどうかという結果しかわかりません。ところが、実際の会計監査では、会社と会計士の間でさまざまな会計上のポイントについて、いろいろな議論が交わされています。監査報告書ではこうした途中経過などがわからず、監査がブラックボックスになっていました。

近年は世界的に、監査報告書に盛り込む情報を充実する流れが出ています。会計を巡る不祥事が相次ぎ、会計監査への信頼感が下がったことが背景です。結果だけでなく、どのような監査をしたのかという情報を監査報告書のなかで提供し、会計監査の透明性を高める制度改革が各国で実施・検討されています。

最も代表的な変革としては、会計士が監査報告書のなかで「監査上の主要な検討事項」を記載するというものです。英語では、Key Audit Mattersと言い、その頭文字をとってＫＡＭと表現することが多いです。「カム」と一般に読みます。監査をするなかで、どのような点を重点的に調べたのかを説明するわけです。

日本でも監査制度を見直し、金融商品取引法に基づき財務諸表を開示している上場会社などでは、２０２１年3月期末の監査報告書から、「監査上の主要な検討事項」を記載することを義務付けています。

改めて理解してほしいのは、有価証券報告書は会社が作成して公表するのに対して、監査報告書そのものは会計士が作成するという点です。会計の専門家である会計士が独立した立場から、会社の会計上のリスクについて情報を提供するのです。決算書の重要なポイントについて第三者の意見が聞けるわけです。

会計士は会計監査で会社の内部に入り多くの会計帳簿や契約書、書類などを実際にみて調べます。会計士は厳しい守秘義務を負っており、監査した会社について、適正だったかどうかという結果のほかに情報を発信する場はありませんでした。形式的な監査報告書に追加で情報が盛り込まれるのはとても画期的なことです。

ただ、監査上の主要な検討事項（ＫＡＭ）が開示されること自体は、会計処理に問題があることを意味しません。会計士が重点的に検討したポイントと、それにどう対応したかが明らかになるだけです。

特に、企業買収に伴う「のれん」という資産は主要な検討事項（ＫＡＭ）としてよく登場します。のれんの価値をはかるには買収した会社の企業価値を評価します。第9章「企業価値の見方」で解説するように、企業価値の評価には唯一の正解があるわけではなく経営者の主観も入ります。評価が妥当かどうかを簡単には判定できないため、慎重な検討が必要な項目として取り上げられるケースが多くなります。

そうした意味を理解したうえで、監査報告書で開示される情報を利用すると、会社の決算

図表1－3　工夫をこらしたKAMの記載例の一部

監査人が特に注意を払った事項	潜在的影響額	発生可能性
エンターテイメント事業における減損会計の適用	高 ↑	高 ↑
繰延税金資産の回収可能性	中 →	中 ↑
ファッション事業における減損会計の適用	中 ↓	中 ↓
ファッション事業における棚卸資産の評価	中 ↓	中 →
アニヴェルセル・ブライダル事業における減損会計の適用	低 →	中 →
資産除去債務の計上	低 →	低 →
収益認識に関する会計基準の適用に伴う契約負債の計上	低 →	低 →
経営者による内部統制の無効化リスク	高 →	低 →
収益認識に関するリスク	高 →	低 →

（注）AOKIホールディングスの2022年3月期の有価証券報告書の監査報告書から作成、注記や脚注などを省略した。矢印は前の期と比べた変化の方向感を示す

書に対する理解がいちだんと深まります。

例えば、図表1-3に示したように、大手紳士服のＡＯＫＩホールディングスの監査報告書では、利用者の理解を助けるため一覧表も記載するなど工夫をこらしています。しかし、こうした例はまだ稀です。ほとんどの会社の監査報告書では、主要な検討事項（ＫＡＭ）の記述や説明などは紋切型で、最低限の内容にとどめる例がほとんどのようです。

第2章

貸借対照表の解説

- 貸借対照表は会社の財政状態を表します。向かって右側が負債と純資産、左側が資産になります。右側の負債と純資産は資金調達の状況を示しています。
- 左側の資産は資金の運用状況を表します。会社は借入金や株式発行などで調達した資金を製造設備や原材料の購入に充て利益を稼ぎます。
- 利益は純資産の増加につながります。資産の価値が大幅に下がれば、損失を計上します。貸借対照表は損益計算書と連動して変化します。

1　貸借対照表とは

貸借対照表（バランスシート）は、会社の財政状態を表します。会社は資金を調達して事業を行います。これを資金の運用といいます。図表2-1を見てください。右側が貸借対照表の骨子です。左側はその読み方を示しています。

まず左側の図表を説明します。向かって右が資金の調達源泉を示し、向かって左が運用の状況を示します。運用というと資金運用を思い浮かべるかもしれませんが、この場合の運用は、調達した資金をどの資産にどれくらい投下しているかを表し、すべての資産を指しています。

次に、図表右側の貸借対照表の骨子を説明します。向かって右を見ると、資金の調達は負債と資本の2通りの方式があることを示します。負債の代表は借入金です。これに対して、資本の代表は資本金です。株主が出資した資金です。負債と資本の違いは、借入金は返済しなければなりませんが、資本金は返済する必要がありません。このため、資本が多い会社のほうが財務基盤は安定しているといえます。

図表２－１　貸借対照表の構成

資金の運用	資金の調達
資　産	負　債
	資　本 （純資産）

負債や資本で調達した資金は、向かって左の資産で運用します。資産は、いわば会社の財産です。一般に財産とは換金価値のあるものを指しますが、資産のなかには換金できない繰延資産のようなものも含みますので、資産＝財産とはいえません。

企業が調達した資金は資産に投下していますから、資産は負債と資本の合計に等しく、次の関係が成立します。図表の右側の表を式で表したものです。

資産＝負債＋資本

この式を貸借対照表等式といいます。

貸借対照表にはいくつかの種類があります。会社を設立し営業を始めるときに作成する開業貸借対照表、決算時に作成する決算貸借対照表、会社を清算するときに作る清算貸借対照表、合併時に作る合併貸借対照表などがあります。

最も原始的なものが開業貸借対照表です。会社を設立するときは、株

図表２−２　貸借対照表の変化

①　資本金100万円で会社を設立した

資　産	資　本（純資産）
現　金　100	資本金　100

②　商品を30万円仕入れた

資　産	資　本（純資産）
現　金　70	資本金　100
商　品　30	

③　商品を40万円で売り、現金で回収した

資　産	資　本（純資産）
現　金　110	資本金　100
	利　益　10

主から出資を受けて元手とします。これが資本金です。１００万円の出資を受けて、会社が現金として保有したとします。この時点の貸借対照表は資産が現金１００万円、資本が資本金１００万円になります（図表2−2）。その後、会社が現金で商品を30万円仕入れたとすると、資産は現金70万円、商品30万円に変わります。資本は資

本金１００万円のままです。

次に、会社が30万円の商品を40万円で売り、現金で回収したとします。そうすると、資産は現金１１０万円に増えます。一方、資本はどうなるでしょうか。30万円で仕入れた商品を40万円で売ったのですから、10万円の利益が出ます。この利益は資本に入り、資本は資本金１００万円と利益の合計１１０万円に増えます。貸借対照表の右側と左側はこのように一致します。

貸借対照表のなかで最も重要なのは決算貸借対照表です。会社が営業を開始すると、資産の内容は複雑なものになります。資金が足りない場合には、銀行から借り入れをして負債が発生します。したがって、開業当初の貸借対照表のような単純な姿は失われますが、資産＝負債＋資本の貸借対照表等式は成立します。こうして、決算期ごとに、期末の一定時点をとって財政状態を表すために決算貸借対照表を作成するのです。

2　貸借対照表の形式

貸借対照表には、勘定式と報告式の２つの形式があります。勘定式は株主総会の資料や決算公告などで見受けられます。T字型の表に資産、負債・資本を左右に並べたものです（図表2-3）。これに対して報告式は、縦に資産、負債、資本の順に記した形式で、有価証券報告書、新株発行に関する目論見書などで使います。なお、正式な貸借対照表では資本ではなく、純資産という言葉を使います。この点については後述します。

次に配列方法です。これは、どういう順番で記載するかです。流動性配列法と固定性配列法があります。流動性とは、お金に換えやすいという意味です。流動性配列法は換金性の高い項目から並べます。したがって、資産では流動資産、固定資産の順に、負債では流動負債、固定負債が記載され、続いて資本がきます。

一方、固定性配列法は固定性の大きい項目から配列する方式です。資産は固定資産、流動資産の順に、続いて負債は固定負債、流動負債の順に、最後に資本が記されます。

ほとんどの会社が流動性配列法で作成します。ただし、電力会社は固定資産が大きいため固定性配列法を使います。

図表２－３　貸借対照表の形式（勘定式）

〔借　　方〕		〔貸　　方〕	
《資産の部》		《負債の部》	
Ⅰ　流動資産		Ⅰ　流動負債	
現金預金	××	支払手形	××
受取手形	××	買 掛 金	××
売 掛 金	××	短期借入金	××
有価証券	××	未払費用	××
製　　品	××	修繕引当金	××
仕 掛 品	××	未払法人税	××
材　　料	××	繰延税金負債	××
前払費用	××	Ⅱ　固定負債	
繰延税金資産	××	社　　債	××
貸倒引当金	(−)××	長期借入金	××
Ⅱ　固定資産		繰延税金負債	××
有形固定資産	××	退職給付引当金	××
建　　物	××	負債合計	×××
機　　械	××		
器具備品	××	《純資産の部》	
土　　地	××	Ⅰ　株主資本	××
建設仮勘定	××	資 本 金	××
無形固定資産	××	資本剰余金	××
の れ ん	××	利益剰余金	××
特 許 権	××	自己株式	(−)××
投資その他の資産	××	Ⅱ　評価・換算差額等	
投資有価証券	××	その他有価証券評価差額金	××
出 資 金	××	繰延ヘッジ損益	××
長期前払費用	××	土地再評価差額金	××
繰延税金資産	××	Ⅲ　新株予約権	××
Ⅲ　繰延資産		純資産合計	××
開 発 費	××		
株式交付費	××		
資産合計	×××	負債・純資産合計	×××

3　資産の主な項目

資産は流動資産、固定資産、繰延資産の3つに大きく分けられます。まず固定資産です。製造業の場合、工場などの生産設備を使ってモノをつくり、完成した製品を出荷します。スーパーのような小売業は、仕入れた商品を店舗で販売します。このような生産設備や店舗などを、貸借対照表では固定資産として記載します。工場、店舗は一般に長く使い続けるもので、長期に固定した資産です。これらの設備資産に投下した資金は固定しているのが特色で、設備資金と呼ばれています。

これに対して流動資産は、生産設備を使って製造した製品、半製品や販売活動で発生した受取手形、売掛金、現金などの残高を示します。固定資産が長期にわたって固定するのに対して、流動資産は短期であるのが特色です。繰延資産は、後述しますが、企業会計原則などで資産計上が認められているものです。

流動資産は大別して当座資産と棚卸資産があります。このほかに繰延税金資産などがあります。当座資産は通常、現金預金、受取手形、売掛金、有価証券をいいます。棚卸資産は商品、製品、原材料、仕掛品などです。短期性の資産である流動資産のうち、お金に関係するのが当座資産で、「第一線の支払準備」に相当します。これに対して、棚卸資産はモノに関係します。モノですから、販売してお金に換えることになります。

流動資産にするか固定資産にするかは、営業循環基準および1年基準という尺度で分類します。営業循環基準とは、原材料を購入し、製品を製造、販売して代金を回収するという、企業の営業活動の循環過程に入っている資産はすべて流動資産とする基準です。

1年基準とは、決算日の翌日から1年以内に現金化する資産を流動資産とし、それ以外は固定資産とする基準です。現行の会計制度では、まず営業循環基準を優先します。つまり、営業循環に入っている資産は流動資産になり、営業循環に入らない資産は1年基準で流動か固定に分類します。現金、受取手形、売掛金、製品、原材料などは営業循環に入るので流動資産です。不動産会社が完成まで1年半かかるマンション分譲の土地を仕入れたなら、棚卸資産として流動資産になります。一方、預金、貸付金などは営業循環には入らないため、1年基準で判断します。

次に固定資産は、有形固定資産、無形固定資産、投資その他の資産に分けられます。有形固定資産には、建物、構築物、機械装置、車両運搬具、土地、建設仮勘定などがあります。

無形固定資産は、のれん、特許権、鉱業権などです。投資その他の資産には、投資有価証券、関係会社株式、出資金、長期貸付金などがあります。

繰延資産は、支出したときに一度に費用処理せず、数期に分けて費用とするものです。正確に損益を計算するという狙いがあります。株式交付費、社債発行費、創立費、開業費、開発費があります。なお繰延税金資産は流動資産、固定資産にそれぞれ記載されていますが、税効果会計で扱います。

資産を大別して貨幣性資産と費用性資産に分ける考え方も重要です。貨幣性資産とは、現金や最終的に現金化する資産をいいます。現金、預金、売掛金、受取手形などは貨幣性資産になります。これに対して、棚卸資産、建物は費用性資産です。棚卸資産は売上原価、建物は減価償却費として将来は費用になるからです。このように資産は「現在と将来の現金」「将来の費用」という2つの顔があるのです。

4　当座資産

当座資産の特徴は、短い期間で現金にかえられる点にあります。当座資産に属するものは現金、預金だけでなく、受取手形、売掛金、有価証券と、いずれも換金性が高いという特徴があります。言い換えれば、会社の短期の支払い能力の大きさを示します。債権者の立場からすると、この当座資産が充実しているかどうかという点に関心を払います。しかし、不必要に多い当座資産は資産効率の低下につながります。主な項目について見ましょう。

▽**現金**＝会社の手元にある現金のことです。普通、現金といえば紙幣、硬貨などの通貨を指しますが、企業会計では当座小切手、郵便為替証書、配当金領収書、期限到来後の公社債利札なども含みます。

▽**預金**＝金融機関に対する預金、貯金などです。会社の預金で最も一般的なものは、銀行に対する当座預金です。

▽**受取手形**＝取引先との営業取引に基づいて発生した、手形法上の債権を指します。金融上の必要から発生した、いわゆる金融手形は手形貸付金なので、これとは区別します。受取手形を割り引いた（満期日より前に、割引料を銀行に支払って現金にした）ときは、割引手形の金額を注記します。

▽**売掛金**＝これも、取引先との間で発生した営業上の未収金です。会社は取引先に商品を販売した際、一般的には代金をただちに現金で受け取るのではなく、掛け売りにしておいて、

後日、回収します。この売掛金と受取手形を合わせて、売上債権と呼びます。ともに、回収不能に備えて貸倒引当金を設定します。

▽**有価証券**＝流動資産に記載する有価証券には、売買を目的として保有する株式、債券（社債、国債、地方債）などのほかに、決算日後1年以内に満期が来る債券も含みます。これら以外の有価証券は固定資産の「投資その他の資産」に記載します。商法上の有価証券は、株式、社債のほか手形、小切手など範囲が広いのですが、会計上は範囲が狭く、金融商品取引法で規定するように、株式、社債のほかに国債、地方債、投資信託や貸付信託の受益証券などに限定されます。

5 棚卸資産と売上原価

棚卸資産という名称は、その残高が棚卸（倉庫などにある商品、製品などの数量、価格、品質などを実際に調査すること）によって確認されることによります。棚卸資産の内容は、商業と製造業では異なります。商業ではほかの企業から仕入れた商品を販売するのに対して、製造業では原料を仕入れ、これを加工して製品として販売するわけです。こうした違いから、

図表２－４　棚卸資産の原価配分

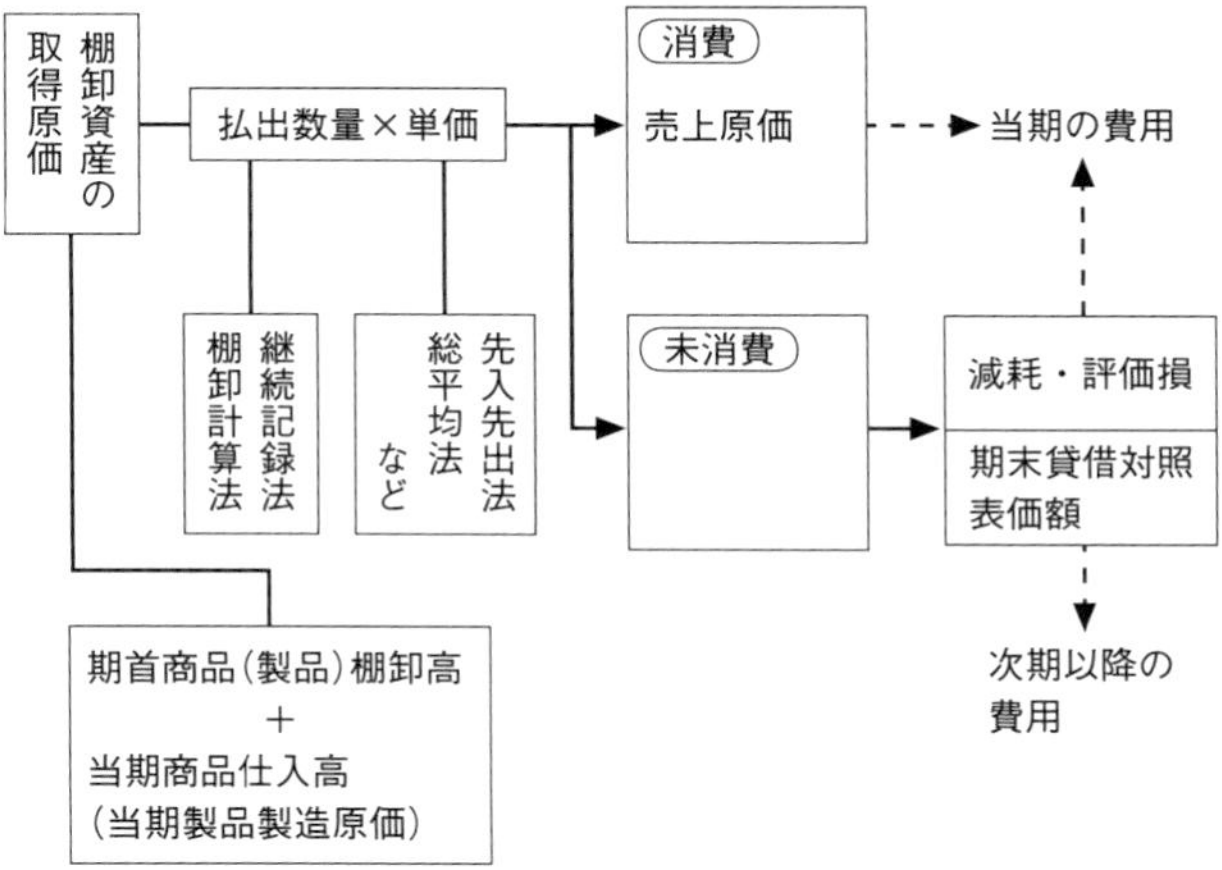

棚卸資産の内容は、商業では商品などですが、製造業では製品、半製品、原材料、仕掛品などになります。

半製品とは、製造過程で得られるもので、完成品ではありませんが販売できるものです。仕掛品とは、加工中の段階にあるもので、半製品と違って販売できません。

会社が仕入れた商品や生産した製品は、販売が実現したときに売上原価として費用計上します。期末に残った分は棚卸資産として次期に繰り越します。言い換えれば、次期以降の収益（売上高）に対応する費用（売上原価）は、資産（棚卸資産）として次期に繰り越します。これを「原価配分の原則」といいます（図表2-4）。適正な損益計算をするためのルールです。

企業会計では、棚卸資産の原価を「当期に配分する部分」と「次期以降に配分する部分」に分けることが重要です。次期以降分を増やせば、当期分が小さくなります。当期分が小さくなれば売上原価が小さくなるわけですから、売上総利益（粗利益）は大きくなります。逆に次期以降分を減らせば、当期の売上原価が大きくなり売上総利益は減少します。つまり、棚卸資産の金額をいくらにするかで売上総利益は変わるのです。

当期に払い出した棚卸資産および期末に残った棚卸資産の金額は「数量×単価」で計算します。数量の計算方法には継続記録法と棚卸計算法があります。棚卸資産の受け入れと払い出しをそのつど帳簿に記録するのが継続記録法、期中では受け入れ数量だけを記録し、期末に実地棚卸を行って在庫数量を確認するのが棚卸計算法です。実務では通常、継続記録法と棚卸計算法を併用しています。実地棚卸で紛失など商品の数量不足が判明すると、棚卸減耗損として計上します。

単価の計算方法には、個別法、先入先出法、総平均法などがあります。同じ商品でも仕入れの時期、仕入先、仕入条件によって単価は異なるため、いくらの単価の商品が残っているか把握する必要があります。なお、貸借対照表に記載する資産の金額を「価額」といいます。

▽**個別法**＝異なる値段のものを区別して管理し、払い出すたびにそれぞれの取得原価を確認する方法です。宝石、貴金属業など、高価で個々に在庫管理ができるものに適した評価方法です。

▽**先入先出法**＝先に取得した分から順に払い出されると考えて計算します。費用が物の流れと一致するほか、期末の棚卸資産価額が時価に近くなり、期末の財政状態を適切に表す利点があります。半面、価格上昇時には、安値で取得した在庫から先に払い出されるため利益が大きくなります。逆に価格下落時には利益が小さくなります。

▽**後入先出法**＝後から受け入れたものから順次払い出されるとして計算します。売

COFFEE BREAK

―簿記と会計―

本書は企業会計の入門書です。この本で会計に興味を持った人は本格的な会計の本に進まれると思います。ところが、中級以上の会計の本は格段に難しくなります。

それは個々の会計処理の説明が簿記の仕訳（しわけ）で書かれているからです。企業会計は、取引を簿記によって記録、計算し、その結果を利害関係者に報告するものです。その土台である簿記の知識がないと、複雑な会計処理を理解するのは大変です。会計の専門書は、読者に一定の簿記の知識があることを前提に書かれています。

本格的に会計を学ぶためには、簿記は避けて通れない関門です。幸い、簿記の本はたくさん出ています。一読されてはいかがでしょうか。

上高に対応する費用が時価に近くなります。先入先出法に比べ、価格上昇時には利益が小さく、価格下落時には利益が大きくなり、損益計算から価格変動の影響を除くことができる利点があります。半面、費用が物の流れと一致しないほか、棚卸資産価額が時価と離れるという問題があります。国際会計基準と歩調を合わせるため、後入先出法は2011年3月期から廃止になり、現在は使われていません。

▽**平均原価法**＝取得した棚卸資産の平均価格を計算し、その平均価格で期末の棚卸資産価額を決める方法です。総平均法（加重平均法）、移動平均法があります。総平均法は、取得した合計金額を数量の合計で割って平均単価を計算します。移動平均法は、取得のつど平均単価を計算し、その平均単価で次の払い出しを記録します。総平均法は一定期間が終わらないと平均単価を算出できない欠点がありますが、移動平均法は期中でも平均単価を算出できる利点があります。

▽**売価還元法**＝扱い品目が多い小売業や卸売業で使われる方法です。売価から逆算して期末の棚卸資産価額を計算します。具体的には、商品をグループ分けして、売価に一定の原価率を乗じて計算します。

以上のような方法で、棚卸資産の原価を「当期に配分する部分」と「次期以降に配分する部分」に分けます。後者は期末の棚卸資産残高になります。しかし、この金額をそのまま貸借対照表の棚卸資産の評価額にするとは限りません。まず棚卸減耗があればこれを損失計上します。

次に、時価が簿価より下がったときは評価額を修正し評価損を計上します。これを「収益性の低下による簿価切り下げの方法」と呼びます。

棚卸資産の評価基準は原価法ですが、時価が簿価に比べて下がった場合にだけ簿価を切り下げます。回収可能な金額まで簿価を引き下げ、将来に損失処理を先送りしないようにする狙いがあります。評価損は売上原価に計上しますが、製造に関連し不可避的に発生する場合は製造原価になります。また、臨時・多額のときは特別損失になります。

「収益性の低下による簿価切り下げの方法」は２００９年3月期から適用されています。これを低価法と呼ぶことが多いのですが、会計基準では、原価法の枠組みの中で位置づけています。

6　設備投資と固定資産

商業の場合は、商品を仕入れて販売するので、棚卸資産が多く、固定資産は少ないのが普通です。製造業は生産設備が欠かせないので、固定資産が多くなります。装置産業とされる化学、鉄鋼業などでは、固定資産の金額は非常に大きくなりますが、加工度の高い業種とされる精密、医薬品などでは、固定資産はそれほど大きくありません。固定資産に対する投資を設備投資と呼びます。企業にとって設備投資は、将来の収益を決める生命線となる重要なものです。

固定資産は、有形固定資産、無形固定資産、投資その他の資産の3つに分かれます。

有形固定資産は、工場の建物、機械装置や本社ビルなど、具体的な形がある資産です。一定の方法で減価償却をし減価償却費を費用として、各決算期に計上します。

主なものは、建物、構築物、機械装置、車両運搬具、工具器具備品、土地、建設仮勘定などです。わかりにくいものを説明しましょう。構築物は、橋、岸壁、軌道、貯水池、煙突などのように、土地に定着した設備、工作物です。道路のアスファルトも構築物に含みます。

工具器具備品は、機械などのように高額でないもので、耐用年数が1年以上のものです。机、椅子、パソコン、テレビなどは備品です。

建設仮勘定は建設中の有形固定資産で、完成すればそれぞれの資産に振り替えます。注意が必要なのは、工事前払金といった建設中の支出はすべて建設仮勘定に分類することです。機械や車両を買うために手付金を支払えば、これも建設仮勘定に含みます。つまり、有形固定資産全般の一時的な仮勘定なのです。建設仮勘定は減価償却をしないことも重要なポイントです。

無形固定資産は、具体的な姿がある資産ではありませんが、経営のうえで有用なものを指し、３つに大別します。第1は法律上の権利で、特許権、実用新案権、意匠権、商標権、鉱業権、漁業権、借地権などです。第2は「のれん」、第3はソフトウェアです。

のれんは、ある会社がほかの会社に比べ超過収益力を持つ場合、その超過収益力を資産として計上したものです。法律上の権利ではなく、経済上の価値を表します。のれんを計上できるのは、有償で取得した場合や合併で取得した場合に限ります。会社が自分ののれんを資産計上することは認められません。

無形固定資産も、有形固定資産と同様に償却しなければなりません。法律上の権利は、それぞれの法律または税法上の償却期間を上限に償却します。ただし、定期借地権を除く借地権は非償却資産です。のれんは20年以内に規則的に償却します。なお、無形固定資産の残存価額はゼロです。投資その他の資産は、関係会社株式、投資有価証券、出資金、長期貸付金、繰延税金資産などです。

7　減価償却制度

有形固定資産は、繰り返し使ったり時間がたったりするのにつれて価値が落ちていきます。この価値が下がった分を費用として認識するのが減価償却費です。少し難しい言い方をすると、有形固定資産の取得原価を一定の償却方法によって、その資産の使用期間に配分して費用化することです。減価償却の目的は適正な損益計算にあります。

減価償却費を計算するには、取得原価、残存価額、耐用年数の3つが必要です。取得原価は、その資産の購入代金に付随費用を加えた金額です。残存価額は有形固定資産が使用不能になったときの処分価格で、スクラップ・バリューともいいます。耐用年数は有形固定資産の使用可能年数です。耐用年数は、会社が使用可能期間を予測し自主的に決めるのが原則ですが、予測の難しさや煩雑さなどから、大半の会社は実務上、税法で決められた法定耐用年数を使います。

減価償却方法には定額法、定率法、級数法、生産高比例法などがあります。

定額法は、次の式で減価償却費の金額を計算します。各年度の減価償却費は同額です。

（取得原価－残存価額）÷耐用年数＝減価償却費

定率法は、期首の未償却残高に毎期一定の償却率をかけて、減価償却費を計算します。最初に減価償却費が大きく、年数がたつにつれ小さくなります。計算式は次のようになります。

未償却残高（取得原価－減価償却累計額）×償却率＝減価償却費

生産高比例法は、利用時間や生産量が予測できる固定資産に使います。対象は自動車、航空機、鉱業用設備などで、利用時間や生産量に比例して計算します。計算式は次の通りです。

（取得原価－残存価額）×当期利用高÷総利用可能高＝減価償却費

会社は原則としては減価償却方法を選べます。代表的な減価償却方法である定額法と定率法を比べると、資産の取得直後は、減価償却費は定率法のほうが定額法よりも多くなります。定額法は機能的減価が安定的な資産に適し、定率法は機能的減価のスピードが速い資産に適するといわれます。定率法は初期に減価償却費が膨らんで利益を圧迫する半面、利益が減る分は逆に節税にもつながります。ある資産について減価償却の方法を最初に決めたら、その方法を後から簡単には変えられませんが、会社は節税と業績の両面を考えて償却方法を選びます。

ところで、減価償却は、税法の規定に従う企業が多いため、税制の変化に大きな影響を受けます。

２００７年度から減価償却の税制は大きく変わりました。従来、税法は減価償却資産の残存価額を取得原価の10％と決めていました。また残存価額とは別に償却可能限度額を定め、取得原価の95％まで償却可能としていました。裏返せば、使用している減価償却資産は５％の価額が常に残り、除却しない限り税務上の費用（損金）にできませんでした。産業界からは国際競争力を弱めると、不満が出ていました。

この改正により、税務上は残存価額と償却可能限度額が廃止になり、耐用年数経過時点で1円（備忘価額）まで償却できるようになりました。先ほどは残存価額について述べました

図表２－５　減価償却の記載例

有形固定資産			（単位：百万円）
建　　物	55,737		……取得原価
減価償却累計額	29,989	25,748	……帳簿価額
構　築　物	54,538		
減価償却累計額	33,840	20,698	
機　械　装　置	402,565		
減価償却累計額	354,985	47,580	

減価償却累計額	当期	418,814	
	前期	395,489	
		23,325	……当期の減価償却費

が、２００７年４月以降に取得した資産については残存価額をゼロにしているのが普通です。

これに関連して税務上の定率法は、２００７年４月以降は「２５０％定率法」、２０１２年４月以降は「２００％定率法」になっています。

「２００％定率法」は償却率を次式によって求めます。

（１÷耐用年数）×2.0＝償却率

この償却率を使って減価償却費を計算します。取得原価１００億円で、耐用年数が10年なら、初年度の減価償却費は20億円になります。減価償却費が一定の金額を下回ると、償却方法を定率法から定額法に切り替えて備忘価額まで償却します。

減価償却をした有形固定資産は、貸借対照表ではどのように記載するのでしょうか。有形固定資産は取得原価で記載し、その下に減価償却累計額として表示するのが通例です（図表2-5）。取得原価から減価償却累計額を控除した金額が、その時点の帳簿価額です。

8　有価証券と金融商品会計・時価算定会計

株式や債券など有価証券は金融商品の一種で、その会計処理は金融商品会計基準（2001年3月期から適用）が定めています。会計の大きなポイントは時価評価するかどうかという点にあります。時価評価に関しては時価の算定に関する会計基準（2022年3月期から適用）もあります。

金融商品会計を適用する金融商品は、売掛金、受取手形、貸付金などの金銭債権、支払手形、買掛金、借入金などの金銭債務も含みます。ここでは、金融商品のなかでも代表的な有価証券に絞って説明します。

すべての有価証券を一律に扱うなら話は単純です。しかし、保有目的に応じて有価証券の会計上の取り扱いは変わります。日本の会社はいわゆる持ち合い株式（政策保有株式）を保有している例が多く、保有目的に応じた会計処理の違いは大きな意味を持ちます。

特に、「時価評価」というと、有価証券が値上がりしたり値下がりしたりして、評価益や評価損が出て、会社の業績が動くケースを思い浮かべるかもしれません。ところが、貸借対照表では時価で計上しても、その期の損益には影響しない処理があります。持ち合い株式の扱いがこれに該当します。例外規定のようなものがあるわけです。

まず、貸借対照表のなかのどの項目に有価証券が入るかを理解するため①貸借対照表での表示分類について説明します。次に、②保有目的ごとの分類と評価、さらに、時価のそもそもの考え方や時価をめぐる情報開示を知るために③時価算定会計について順を追って解説します。

①貸借対照表での表示分類

貸借対照表では有価証券を、さまざまな項目に分けて計上します。貸借対照表をみて目につくのは、流動資産のなかの「有価証券」という項目でしょう。この項目には「売買目的有価証券」と「1年以内に満期の到来する社債その他の債券」を入れます。それ以外の有価証券は、固定資産の「投資その他の資産」に含めます。

「投資その他の資産」には「投資有価証券」という項目があります。いわゆる持ち合い株式や、満期まで1年超の社債その他の債券が該当します。また、子会社・関連会社株式は関

図表2－6　有価証券の分類

	評価基準	損益計上
売買目的有価証券	時価	する
満期保有目的の債券	取得原価・償却原価	しない
子会社株式・関連会社株式	取得原価	しない
その他有価証券（持ち合い株など）	時価	しない

係会社株式として別表示します。

②保有目的ごとの分類と評価

金融商品会計基準は保有目的などから有価証券を売買目的有価証券、満期保有目的の債券、子会社株式・関連会社株式、その他有価証券の4つに分けます（図表2-6）。この4つの分類ごとに、それぞれ貸借対照表に計上するときの時価の取り扱いや、時価評価したときの評価益損を業績に反映するかどうか異なります。それぞれみていきましょう。

▽**売買目的有価証券**＝時価の変動により利益を得ることを目的とする有価証券です。期末に時価評価し、評価差額（簿価と時価の差額＝評価損益）は損益として処理します。損益計算書の営業外損益に計上します。

▽**満期保有目的の債券**＝満期まで所有する目的で保有する社債その他の債券です。時価評価せずに、取得原価で貸借対照表に計上します。ただし、債券を債券金額（額面）よりも低い価額か高い価額

で取得したときは、その差額の性格が金利の調整と認められるときは、償却原価法に基づいて貸借対照表価額を決めます。

償却原価法とは、債券を額面金額より低い価額または高い価額で取得した場合、その差額を償還期限まで毎期一定の方法で取得価額に加減することをいいます。「利息法」と「定額法」という2つの方法がありますが、ここではわかりやすい定額法を前提にします。

満期まで5年ある額面１００円の社債を、95円で取得したとします。額面と取得価額の差額5円は、金利の調整と考えます。その場合は、毎期1円ずつ受取利息を損益計算書に利益計上し、同時に社債の貸借対照表価額を1円ずつ増やすのです。もし償却原価法を適用しないと、取得価額95円の社債が１００円で償還されるため、償還時に5円の利益を計上しなければつじつまが合いません。償却原価法により、償還時には債券額面と貸借対照表価額は一致し損益計算も適正になります。

▽**子会社株式・関連会社株式**＝時価評価はせず、取得原価で貸借対照表に計上します。子会社、関連会社が上場していても取得原価です。財務活動というよりも、事業投資と同じ性格のものだからです。ただし、連結決算では、子会社株式は貸借対照表には存在しません。また、関連会社株は持分法で評価します。詳しくは第6章の連結財務諸表の項で説明します。

図表2－7　その他有価証券の時価評価

（単位：円、▲はマイナス）

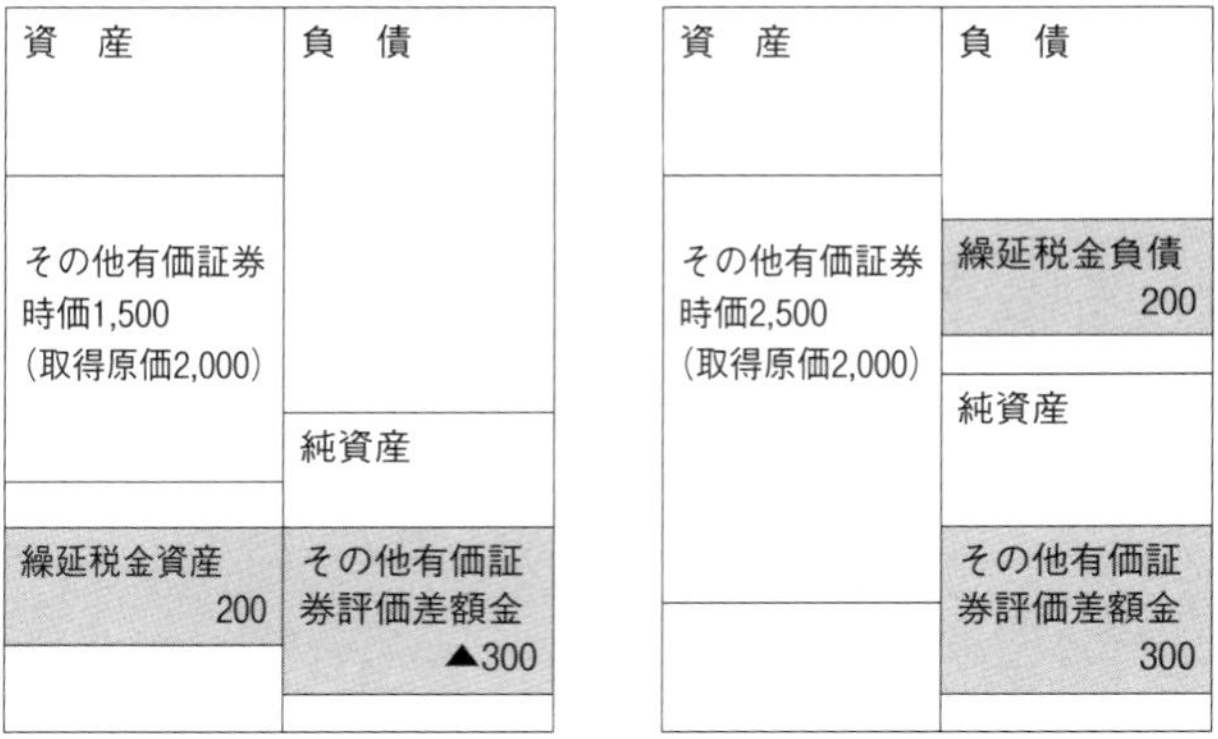

▽その他有価証券＝売買目的有価証券、満期保有目的の債券、子会社株式・関連会社株式以外の有価証券をいいます。日本では、その他有価証券の多くは持ち合い株式です。期末に時価評価します。評価差額の処理方法は２つあります。ここでは代表的な「全部純資産直入法」だけを説明します。評価差額を損益に計上せず、税効果会計を適用したうえで、純資産の部に計上する方法です（図表2-7）。取得原価２０００円の株式が期末に２５００円になったとします。税率は40%とします。この場合、資産側の有価証券の貸借対照表価額を５００円増やします。一方、評価差額の５００円のうち40%の２００円を繰延税金負債（将来の税負担）として負債計上し、残り３００円をその他

有価証券評価差額金として純資産の部に計上します。

逆に、期末の株価が１５００円に値下がりした場合はどうでしょう。まず、資産側の有価証券の貸借対照表価額を５００円減らします。同時に２００円の繰延税金資産（将来の税負担の軽減）を資産計上し、その他有価証券評価差額金のマイナス３００円を純資産の部に計上します。税効果会計は別項で説明します。

その他有価証券の時価評価で注意すべきなのは、評価差額は「洗い替え方式」に基づくことです。期末の貸借対照表では時価になりますが、翌期の期首には元に戻します。つまり、貸借対照表価額を一時的に変えるだけで、取得原価（＝簿価）は変わりません。評価損益は実際に実現したものではないため、取得原価を変更しないと考えます。その他有価証券を実際に売却すると、簿価と売却価格の差額を損益として計上します。

ところで、売買目的有価証券は時価が変わると損益に反映するのに、その他有価証券はなぜ損益に計上しないのでしょうか。金融商品会計基準では、①事業遂行上等の必要性からただちに売買・換金を行うことには制約を伴う要素もある②国際的な動向を見ても、当期の損益として処理することなく、「純資産の部」に計上する方法が採用されている――ことを理由としています。なお、金融商品会計基準の適用は２００１年３月期からで、その他有価証券の時価評価が強制適用になったのは２００２年3月期からです。

以上が保有目的などに応じた4分類の会計処理の概要です。追加で、この4分類に関連して注意すべきポイントを２つおさえておきましょう。

▽**市場価格のない株式等**＝おおざっぱに言えば主に、その他有価証券のうち非上場の株式のことです。その他有価証券は時価で計上するとさきほど説明しましたが、非上場の株式は取得原価で計上します。非上場の株式であっても理屈上は何らかの方法で時価を算定できるはずです。しかし、非上場の株式では時価をあくまでも使わないのです。この後に説明する有価証券報告書での時価情報の注記による開示でも、非上場株式は時価での情報開示の対象外です。

▽**時価が著しく下落した場合**＝満期保有目的の債券、子会社株式・関連会社株式、その他有価証券で時価が著しく下落したときは、回復する見込みがあると認められる場合を除き、時価をもって貸借対照表価額とし、評価差額は当期の損失として処理しなければなりません。これを有価証券の減損処理といいます。減損処理をした場合は、時価で簿価を付け替えて取得原価を修正します。

ここで問題となるのは、「著しく下落した」とは何かです。「50％程度以上下落」した場合を著しい下落とし、「下落率がおおむね30％未満」の場合は著しい下落には該当しません。30～50％の下落では、個々の企業が合理的な基準を設けて判断します。

その他有価証券は、たとえば時価が20％下がった場合は、期末に時価評価しますが、損益計算書には計上せず、翌期首には元に戻します。しかし、55％下がった場合は減損処理の対象です。つまり取得原価と時価の差額を損失計上して、取得原価（＝簿価）も修正します。その他有価証券の時価は期末日の市場価格が原則です。

非上場株式などについては、発行会社の財政状態の悪化により実質価額が著しく低下したときは、相当の減額をし、評価差額は当期の損失として減損処理します。実質価額とは、土地などの含みを加味した実質1株純資産をいいます。これが取得原価を著しく下回った場合に減損処理します。

実務上は、M＆Aで取得した子会社株式は金額も大きい例が多く、減損処理すべきかどうか重要な検討項目になりやすいです。M＆Aで買った子会社については、買収時などに策定した中期の事業計画があります。子会社の業績がそうした事業計画を大きく下回るなどすると、子会社の企業価値を評価し直して株式の取得原価と比べます。企業価値の算定については、第9章「企業価値の見方」で詳しく解説しています。

時価評価（時価会計）と減損処理（減損会計）は別の概念だということも覚えましょう。時価会計は時価の上昇や下落をそのまま貸借対照表に反映しますが、減損会計は時価が著しく下がった場合にのみ取得原価を修正します。

なお、減損処理については第8章の「2　固定資産の減損会計」の項を読むと、より深く理解できます。

③時価算定会計

時価の算定に関する会計基準が2019年7月に導入されました。日本の会計ルールではこれまで、何をもって時価とするかという明確な規定がありませんでした。国際的な会計基準と調和するために新たに導入しました。2022年3月期から適用がスタートしました。あわせて、金融商品会計基準の関連する部分も同様に改正しています。

時価算定会計基準では、時価の定義を次のように決めました。「算定日において市場参加者間で秩序ある取引が行われると想定した場合の、当該取引における資産の売却によって受け取る価格」です。ある特定の日における、マーケットで第三者に売れるであろう価格（出口価格）を時価としています。その他有価証券の時価として期末前1カ月の平均を使うことを認めていた例外措置は、新しいルールのもとでは廃止されました。

「時価を把握することが極めて困難と認められる有価証券」という分類も、改正金融商品会計基準では「市場価格のない株式等」に変えました。時価の新しい定義により、何らかの形で有価証券の時価は算定（把握）できるものになったからです。ただし、市場価格のない株式については引き続き、取得原価で貸借対照表に計上します。

時価算定会計の導入にともない、有価証券報告書に注記として記載する時価に関する情報が一段と詳しくなったのも見逃せません。時価の算定方法の確かさの度合いに応じて金融商品を分類し金額を開示します。

例えば、上場株式の時価であれば、決算期末の取引所でついた終値をもとに算定します。このように時価を出すときに参照する価格情報のことを「インプット」と呼びます。このケースでは、取引所でついた株価つまり相場価格がインプットです。東京証券取引所では、株式のほか日本国債なども上場し取引されています。こうした、取引所でつく相場価格はインプットのなかで最も説得力が高いとされ、時価算定会計では「レベル１」と分類します。

インプットは、その説得力の水準に応じてレベル３まで３段階に分けます。例えば、証券取引所のような公式の市場ではなくても、証券会社や銀行など金融機関が日々、取引するマーケットでつく価格はレベル２に分類します。第三者が取引している価格の情報が見当た

図表２－８　任天堂の時価レベル別開示の例（一部）

	時価（百万円）			
	レベル１	レベル２	レベル３	合計
有価証券及び投資有価証券				
その他有価証券				
株式	77,299	—	—	77,299
債券	—	292,608	—	292,608
その他	1,156	4,211	—	5,367
資産計	78,456	296,819	—	375,275

（注）　任天堂の2022年３月期有価証券報告書から一部を抜粋、説明の便宜上、関連部分のみを抜き出した

らない場合に独自の試算で時価を算定する場合はレベル３となります。

有価証券報告書では、時価のレベル別の金額を数表にして注記として記載します（図表２－８）。また、貸借対照表では時価で評価していない有価証券についても、同様の注記で時価を開示します。

会社は評価方法などについても説明する必要があります。三菱地所は２０２２年３月期の有価証券報告書のなかで、市場価格のない社債をレベル３に分類して開示しています。その時価の算定方法について、「元利金の合計額を残存期間及び信用リスクを加味した利率を基に、割引現在価値法により算定」などと説明しました。

なお、金融商品のうち投資信託については、時価算定会計の適用時期が２０２３年３月期からとなっています。上場投資信託（ＥＴＦ）のように、市場で取引価格があ

る場合は、取引価格を時価とします。取引価格がない場合は、基準価格や基準価格に所定の調整を加えた価格などをもって時価とみなします。

9　繰延資産

繰延資産とは、支出額を全額当期の費用とせず、その効果が及ぶ次期以降にも配分（繰り延べ）できる資産をいいます。収益と費用を正しく対応させて損益計算を適正にするのが狙いです。繰延資産には換金価値がなく、あくまで会計上の目的から計上する資産です。ただし、繰延資産を計上するか、全額を当期の費用とするかは、会社が選べます。有力な会社で繰延資産を計上する例はあまり多くありません。

損益計算の適正化が狙いなら、すべて強制計上にしたらいいと思われるかもしれません。しかし、債権者保護を重視する会社法では、換金性のない資産が増えることを歓迎しません。このため、資産計上を任意にしていると考えられます。

企業会計原則では、繰延資産を①すでに代価の支払いが完了または支払い義務が確定し②これに対応する役務の提供を受け③その効果が将来にわたって発現すると期待される――費用と定義します。そのうえで、「その効果が及ぶ数期間に合理的に配分するため、経過的に貸借対照表に計上することができる」と規定しています。

企業会計基準委員会が公表した「繰延資産の会計処理に関する当面の取り扱い」によると、繰延資産には、株式交付費、社債発行費等、創立費、開業費、開発費の5つがあります。

▽**株式交付費**＝新株発行または自己株式の処分で支出した費用です。会社設立時に発行する株式の費用は創立費に含めます。3年以内に定額法で償却します。

▽**社債発行費等**＝社債発行費は社債発行で支出した費用です。社債の償還までの期間にわたり利息法（原則）または定額法（容認）で償却します。社債発行費等の「等」は新株予約権発行費を指します。新株予約権の発行費用は3年以内に定額法で償却します。

▽**創立費**＝会社設立のために支出した費用です。5年以内に定額法で償却します。

▽**開業費**＝会社の成立後、営業開始までに支出した費用です。開業から5年以内に定額法で償却します。

▽**開発費**＝新技術または新経営組織の採用、資源の開発、市場の開拓等のために支出した費用、生産能率の向上または生産計画の変更等により、設備の大規模な配置替えを行った場合等の費用です。5年以内に定額法その他の合理的な方法により規則的に償却します。ただ、

研究開発費に該当する部分は、繰延資産に計上できず、発生時に費用として処理します。

繰延資産の償却額を損益計算書のどこに計上するかを付け加えます。株式交付費、社債発行費等、創立費、開業費は営業外費用、開発費は売上原価または販売費及び一般管理費です。開業費は販売費及び一般管理費にも計上できます。

10 負　債

これまでは貸借対照表の左側（借方）を見てきました。次に右側（貸方）に移りましょう。負債と資本に分かれます。負債は外部から調達したもので、他人資本ともいいます。資本は株主からの出資や利益の蓄積の形で調達したものです。負債と資本の合計額は使用総資本といい、左側の資産の合計額と一致します。言い換えれば、負債・資本は、資産を取得するのに必要な資金をどのように調達したか、その源泉を表します。

負債には流動負債と固定負債があります。流動負債は、営業取引で生じる支払手形と買掛金（この2つを合わせて買入債務といいます）のほか、短期借入金、コマーシャル・ペーパー（CP）、前受金、未払金、未払費用、前受収益などです。流動負債は流動資産と同様に、営業循環基準、1年基準それぞれに基づくグループに分けられます。営業循環基準に基づく流動負債は、通常の営業取引で生じる買入債務などです。また、1年基準による流動負債は、買入債務以外で期限が1年以内に到来する負債です。たとえば、1年以内に返済期限がくる長期借入金や社債などです。固定負債は、社債、長期借入金、期間の長い引当金や繰延税金負債などです。

流動負債の主な項目として、支払手形、買掛金、短期借入金、コマーシャル・ペーパー(CP)、前受金、未払金、固定負債の長期借入金について説明します。社債と引当金はまとめて別項で取り上げます。繰延税金負債は、1年以内に取り崩されるものは流動負債、それ以外は固定負債に表示します。詳しくは税効果会計の項で述べます。

▽**支払手形**＝原材料や商品などを買った際に、代金の支払いに発行した手形です。

▽**買掛金**＝原材料や商品などを買った際の支払代金のうち、まだ支払っていない分です。営業取引上の未払い分です。買掛金を支払手形で支払えば、その分だけ買掛金は減ります。

▽**短期借入金**＝金融機関などからの借入金で、返済期限が1年以内のものです。

▽**コマーシャル・ペーパー(CP)**＝短期の資金を投資家から直接調達するために発行する証券です。

▽**前受金**＝商品の販売や工事の契約などにあたり、受け取った手付金です。取引が終わると、売上高の一部になります。

▽**未払金**＝建物、車両、備品などを買った際の支払代金のうち、まだ支払っていない分です。営業取引上の未払い分は買掛金になるので、それ以外の分が未払金です。

▽**長期借入金**＝金融機関などからの借入金で、借入期間が1年超の分です。

11　社債

社債は、企業が資金を投資家から調達するために発行する証券です。企業は利息を支払い、元本は期限がくると返済（償還）します。社債には普通社債と新株予約権付社債があります。普通社債は通常の社債ですが、新株予約権付社債は「新株予約権」が付いた社債です。新株予約権は、投資家が会社に対し新株式や、会社が保有する自己株式の引き渡しを、請求できる権利です。新株予約権付社債は普通社債より低い利率で発行できるうえ、権利行使があれば自己資本を充実できる利点があります。

新株予約権付社債には、転換社債型とそれ以外の2種類があります。転換社債型は新株予約権の行使に伴って社債と引き換えに株式を投資家へ交付します。貸借対照表では、負債の部にある新株予約権付社債を純資産の部の資本金と資本準備金に振り替えます。一方、転換社債型以外のタイプは、新株予約権の行使の際に、社債のほか、現金による払い込みができます。現金を払い込むケースでは、新株予約権と払込金額が資本金と資本準備金になります。社債部分は新株予約権がなくなった後も普通社債として残ります。

企業は、社債を割引発行（額面よりも安く発行）することがあります。割引発行するのは投資家が応募しやすくするためです。額面を下回る金額で発行すれば、実質金利を高くすることができます。割引発行すると、社債の額面と手取り金額の間に差額が生じます。企業は手取り額で貸借対照表に計上しますが、償還する際に支払うのは額面です。

そこで、割引発行し社債の額面と手取り金額が異なる場合は、償却原価法を適用します。両者の差額を、社債の償還時までの期間に支払利息として費用計上するとともに、費用計上額だけ社債の金額を増額していきます。償却原価法については、57ページで説明しているので参照してください。

新株予約権付社債について付け加えると、現在、実際に発行されているのは転換社債型だけです。転換社債型以外のタイプは2001年の商法改正で廃止になった新株引受権付社債

（ワラント債）に相当します。転換社債型以外のタイプは、社債と新株予約権の区分処理が義務付けられ、会計上は割引発行した形になるため、償却原価法による費用が発生します。これが企業から敬遠される理由で、発行が途絶えています。

12　引当金

引当金とは、将来に発生が見込まれる費用や損失の見積額のうち、その期に負担すべき金額を計上するものです。なぜ引当金を計上するのでしょうか。適正な損益計算が狙いです。引当金を設定する条件は、①将来の特定の費用または損失であって②その発生が当期以前の事象に起因し③発生の可能性が高く④その金額を合理的に見積もれる――場合です。引当金は企業会計上、任意に計上するものではありません。この４条件をすべて満たす場合は必ず計上します。引当金は利益操作に使われやすいため、財務諸表をみる時には注意しましょう。

引当金には、資産の部に表示する評価性引当金と、負債の部に表示する負債性引当金があります。

評価性引当金の代表は貸倒引当金です。貸借対照表において、通常は資産の価額から控除する形で表示します。貸倒引当金は受取手形、売掛金、貸付金など、金銭債権が相手先の倒産などにより回収不能になるのに備えて、あらかじめ一定割合を損失として見込んで計上するものです。実際に倒産すると、貸倒引当金を取り崩して処理します。貸倒引当金が回収不能額に足りない場合は、不足分を貸倒損失として計上します。

貸倒見積高を算定する場合、金銭債権を、経営状態に応じて①一般債権②貸倒懸念債権③破産更生債権等の3種類に分類します。一般債権は、経営状態に重大な問題が生じていない債務者に対する債権です。これに対して、貸倒懸念債権は、経営破綻の状態ではないが債務の弁済に重大な問題が生じている、または生じる可能性の高い債務者に対する債権です。破産更生債権等は、経営破綻または実質的に経営破綻に陥っている債務者に対する債権です。

一般債権は、「貸倒実績率法」で貸倒見積高を算定します。企業が過去の貸倒実績率をベースに「この程度は貸倒が発生するだろう」と見積もるわけです。貸倒懸念債権は、「財務内容評価法」と「キャッシュフロー見積法」のどちらかを選びます。前者は、債権額から担保や保証で回収できる金額を除いたうえで、債務者の財政状態と経営成績を考慮して貸倒見積高を算定します。後者は、その債権から回収できるキャッシュフロー（現金収入）をベースに貸倒見積高を算定します。破産更生債権等も「財務内容評価法」を使いますが、担保や保証で回収できる金額を除く全額を貸倒見積高とします。

負債性引当金は負債の性質を持つ引当金で、将来の支出が予定されているものです。具体的な会計処理は、引当金の繰入額を損益計算書で費用とし、同額の引当金を貸借対照表で負債に計上します。実際に支払う際に、資産では現金が減り、同額の引当金を取り崩します。

企業会計原則注解は、貸倒引当金以外に10種類の引当金を例示しています。これらの引当金は性質の違いから、法律上の債務である引当金と、債務ではない引当金に分けられます。

まず、債務性のある引当金です。製品保証引当金、売上割戻引当金、返品調整引当金、賞与引当金、工事補償引当金、退職給付引当金が該当します。債務性のない引当金には、修繕引当金、特別修繕引当金、債務保証損失引当金、損害補償損失引当金があります。返品調整引当金については、債務性のない引当金に含める見解もあります。

債務性のある引当金とは、契約や慣行に基づいて一定の条件を満たす場合に法的な支払い義務が生じる引当金です。債務性のない引当金は、適正な損益計算のため、会計上の必要性だけを根拠に設定する引当金です。

このほか、引当金の名称で貸借対照表に計上するものとして「租税特別措置法上の準備金」と「特別法上の準備金」があります。前者は課税所得の計算から政策的に控除が認められているもので、海外投資等損失準備金などがあります。後者は保険業法や電気事業法といった「業法」で強制されています。保険会社の責任準備金や電力会社の渇水準備引当金が有名です。

13　資本の考え方

まず企業会計と会社法の資本に対する考え方の違いを説明します。

会社法は、財務諸表（会社法では計算書類）について、一般に公正妥当と認められる企業会計の慣行（企業会計原則など）に従うことを規定しています。しかし、会社法には資本については細かい規定が存在します。債権者を保護する立場から、配当や減資などに一定の歯止めをかけるためです。企業会計側も会計独自の論理がありますから、両者の考え方の違いを理解することが大切です。

企業会計では、株主が払い込んだ部分と、利益を留保した部分の区別が重要です。資本金以外を剰余金とし、その発生源泉に応じて資本剰余金と利益剰余金に分類します。企業会計原則は「資本剰余金と利益剰余金を混同してはならない」と規定します。元手となった資金である資本と、経営努力で生み出した果実である利益を分けないと、企業の経営成績を適正に表せないと考えるからです。

これに対して会社法は、資本を配当可能部分と配当不能部分に分け、債権者保護と株主保護との調整を図ることを重視します。資本準備金と利益準備金という法定準備金を設けて、資本金と準備金は配当できないとしています。ただし、準備金を取り崩して、剰余金に振り替えると配当に回せます。

企業会計と会社法の資本に対する考え方は違いますが、貸借対照表では内容は同じです。また、配当は会社法の専管事項であり、企業会計側からは規制はありません。

14　純資産の部

純資産は資産から負債を差し引いた差額です。従来は「資本の部」でしたが、２００６年５月の会社法施行以降は「純資産の部」に名称が変わりました。

資産でも負債でもないものが純資産です。そのうち出資者である株主に帰属する①株主資本と、それ以外の項目に分けます。株主資本以外の項目には②評価・換算差額等③新株予約

図表2－9　純資産の部の構成

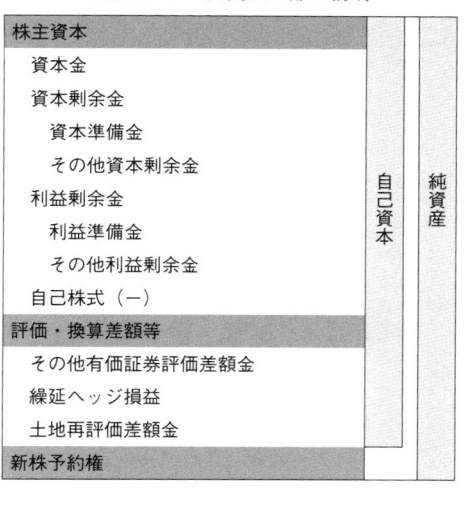

株主資本	自己資本	純資産
資本金		
資本剰余金		
資本準備金		
その他資本剰余金		
利益剰余金		
利益準備金		
その他利益剰余金		
自己株式（－）		
評価・換算差額等		
その他有価証券評価差額金		
繰延ヘッジ損益		
土地再評価差額金		
新株予約権		

権があります（図表2－9）。

株主資本を構成するのは、資本金、資本剰余金、利益剰余金、自己株式（控除項目）です。払込資本と留保利益だけが株主に帰属すると考えます。自己株式は株主に対する会社財産の払い戻しであるため、株主資本から控除します。

評価・換算差額等は、その他有価証券評価差額金、繰延ヘッジ損益、土地再評価差額金からなります。これらは払込資本ではないうえ、利益でもないため、株主資本には含みません。なお、評価・換算差額等は、連結財務諸表では「その他の包括利益累計額」と呼びます。

新株予約権は返済の義務がなく負債で

はありません。純資産の部の独立項目とする背景には、株主ではなく潜在株主の出資であるため、株主資本に含めるのが難しいという事情もあります。

会計基準や貸借対照表には出てこないものの、金融のプロなどが会社を分析する際に使う「自己資本」という用語についても補足します。先ほどの図表2-9にあるように、株主資本と評価・換算差額等の合計が自己資本です。

株主から預かった資本をどれだけ効率よく使っているかを示す自己資本利益率（ＲＯＥ）を算出する際、この自己資本を計算式の中で資本として用います。ＲＯＥは株主資本利益率とも呼ばれますが、計算する際に使うのは財務諸表に出てくる「株主資本」ではありません。注意しましょう。ＲＯＥについては、第5章の「ＲＯＥ分析」の節（１４２ページ）で詳しく説明します。また、上場会社は決算短信の表紙に注記として自己資本の額を掲載しています。

投資家がよく使う株価指標の1つであるＰＢＲ（株価純資産倍率）の「純資産」にも注意しましょう。ＰＢＲは株価を1株当たり純資産で割って算出しますが、ここで使う純資産は先ほど出てきた自己資本のことです。財務諸表の純資産を意味しません。

かつては、株主資本や純資産、自己資本はそれぞれ、同じものを指す言葉として金融や投資の実務の世界では使われていました。その後、株主資本や純資産という項目が財務諸表に正式に取り込まれ、これらの用語は誤解を生みやすいのです。実務の世界ではこれらの用語がよく使われます。財務諸表に出てくる正式な用語として使っているのか、あるいは資本を意味する一般的な用語として使っているのかを見極めるようにしましょう。

15　資本金

資本金は、株主から出資を受けた金額のうち、資本金として扱ったものです。会社が株式で資金を調達する際、払込金額の全額を資本金とするのが原則です。ただし、払込金額の2分の1を超えない金額は、資本準備金にできます。通常は、払込金額を資本金、資本準備金で半分ずつ分けます。

なぜ資本金が必要なのでしょうか。株式会社の特徴は、株主は出資額を超えて会社の債務に対して責任を負わないという、株主有限責任にあります。取引先など債権者にとって、担保となるのは会社の財産だけです。そこで会社法は、債権者を保護するため、会社が保有すべき最低限度の財産の金額を資本金として表示させるのです。

もっとも、会社法は最低資本金制度を廃止し、資本金１円でも起業できます。これは会社設立のハードルを低くし、起業を促すためです。

資本金を増やすことを増資といいます。通常の新株発行は取締役会で決議し行います。資本金が増えるケースは、①通常の新株発行②新株予約権の権利行使③吸収合併、株式交換など④資本準備金・利益準備金の資本金組入⑤その他資本剰余金・その他利益剰余金の資本金組入があります。①～③は株主資本の増加を伴う「実質的増資」です。④と⑤は株主資本が増えません。株主資本の構成が変わるだけなので「形式的増資」と呼びます。

逆に資本金を減らすことを減資といいます。資本金はゼロまで減らせます。減資は原則として株主総会の特別決議がいります。資本金を減らして資本準備金、その他資本剰余金（資本金減少差益）にできます。また、欠損（分配可能額のマイナス）をてん補する目的で、かつ、分配可能な剰余金（その他資本剰余金）が発生しない場合は、定時株主総会においては特別決議ではなく、普通決議でよいとされています。

さらに、新株発行による増資と同時に資本金を減らす場合、減資後の資本金が減資前を下回らないなら、株主総会決議ではなく、取締役会決議により資本金を減らせます。増資と減資の両方が取締役会で決められ、企業再建などのケースで機動的な資本政策ができます。

16　資本剰余金

資本剰余金とは、資本取引によって生じた剰余金を指し、①資本準備金②その他資本剰余金に分けます。資本準備金は、利益準備金と合わせて法定準備金と呼ばれ、資本金とともに配当原資にはできません。ただし、資本準備金を取り崩して、その他資本剰余金に回せば配当原資にできます。

資本準備金の代表は、株式発行の払込金額のうち資本金に組み入れない金額である株式払込剰余金です。

資本金を取り崩すには減資の手続きが必要です。営業を始めた後、赤字になり欠損が生じた場合、そのつど減資をするのは手間がかかります。そこで、減資の手続きを経ずに取り崩せる資本準備金を設けているのです。資本準備金は株主総会の普通決議で取り崩して、欠損のてん補に充当するほか、その他資本剰余金にできます。資本準備金も資本金と同じようにゼロまで減らせます。

その他資本剰余金には、資本金減少差益、資本準備金減少差益、自己株式処分差益があります。

自己株式処分差益について説明しましょう。２００１年の商法改正で自己株式の取得・保有が原則自由になりました。自己株式は資産ではなく株主資本のマイナス項目になります。自己株式を売ってプラスの差額が生じた場合は損益計算書には計上せず、その差額を自己株式処分差益として、その他資本剰余金にします。１株１００円で取得した自己株式を１２０円で売れば、自己株式処分差益は20円です。売却すると、自己株式は株主資本のマイナスではなくなるので、株主資本は１２０円増えます。

その他資本剰余金は配当原資にできます。その他資本剰余金を原資に配当した場合、配当額の10分の１を資本準備金として積み立てます。ただし、資本準備金と利益準備金の合計が資本金の４分の１に達すれば、それ以上は積む必要はありません。

資本剰余金で大切なのは、合併、株式交換、株式移転など組織再編において、会社が株式を発行したときの会計処理です。株式発行で増える資本は、資本金、資本準備金、その他資本剰余金のいずれにも計上できます。その配分も会社が自由に決められます。株式発行時のように払込金額の２分１以上を資本金とするルールは組織再編では適用しません。

17　利益剰余金

利益剰余金とは、損益取引によって生じた利益の留保額をいいます。会社が1年間に生み出した純利益は繰越利益剰余金に振り替えます。株主への配当金は社外流出しますが、残りが社内に留保されます。

利益剰余金には、①利益準備金②任意積立金（別途積立金など）③繰越利益剰余金があります（図表2-10）。②と③をあわせて、その他利益剰余金といいます。

①利益準備金は、計上した利益から会社法の規定に基づいて強制的に留保する準備金です。配当による社外流出にブレーキをかけて、財務基盤を強化し、債権者保護を図る狙いがあります。

その他利益剰余金を原資に配当した場合、配当額の10分の1を利益準備金として積み立てます。すでに述べたように、資本準備金と利益準備金の合計が資本金の4分の1に達すれば、それ以上は積む必要はありません。多くの会社は、資本準備金だけで資本金の4分の1を超えており、利益準備金を新たに積むケースは珍しいでしょう。また、利益準備金は株主総会

図表２-10　アサヒグループホールディングスの純資産の部

（2012年12月期単独、単位：百万円、
▲はマイナス、一部加筆）

株主資本	547,532
資本金	182,531
資本剰余金	159,658
資本準備金	130,292
その他資本剰余金	29,366
利益剰余金	233,105
利益準備金	0
その他利益剰余金	233,105
別途積立金	195,000
繰越利益剰余金	38,105
自己株式	▲27,763
評価・換算差額等	533
その他有価証券評価差額金	533
繰延ヘッジ損益	0
土地再評価差額金	0
新株予約権	0
純資産合計	548,065

の普通決議でゼロまで取り崩せます。欠損てん補に使えるほか、分配可能な繰越利益剰余金にできます。

②任意積立金は、株主総会決議などで積み立てるものです。目的のある目的積立金と目的のない別途積立金があります。前者には配当平均積立金などのほか、圧縮記帳積立金、海外投資等損失準備金といった税法上の項目があります。多くの会社が別途積立金を設定し、一過性の赤字に陥った場合は別途積立金を取

り崩して配当する例がよくあります。

ただし、任意積立金は現金を実際に積み立てているわけではありません。繰越利益剰余金を拘束し間接的に社外流出を防いでいるだけです。

③繰越利益剰余金は、以前の当期未処分利益に代わる項目です。会社法ではいつでも配当ができ、利益処分前という言葉がそぐわなくなったためです。

COFFEE BREAK

― 内部留保は設備投資に使えない？ ―

会社は内部留保を貯めこむだけでなく、人件費や設備投資にもっとお金を回すべきだという議論が盛んです。しかし、この議論にはおかしなところがあります。内部留保とは会社のもうけである利益の蓄積のことであり、会社が自由に使える手元資金とは別物だからです。

内部留保とは、貸借対照表の純資産のなかの利益剰余金のことを一般に意味します。本書を読み進んできてわかるように、利益剰余金があるからといって、同額の現金が手元にあるわけではありません。会社が積み上げてきた利益を、どのような形で使っているかは、貸借対照表の左側（資産）をみなければいけません。

そうすれば、会社はすでに工場などに投資していることがわかります。そして、資産に計上している現預金などが今後の設備投資などに使える資金です。この手元資金と内部留保を混同している向きがあるようです。内部留保が利益剰余金のことだとすると、それを取り崩して設備投資をするというのは、貸借対照表の仕組みを理解していないおかしな議論となります。

18　評価・換算差額等

評価・換算差額等には、その他有価証券評価差額金、繰延ヘッジ損益、土地再評価差額金があります。

その他有価証券評価差額金は「有価証券と金融商品会計・時価算定会計」で説明した通りです。持ち合い株などの時価評価で発生します。

繰延ヘッジ損益は、ヘッジ会計の適用で発生します。「ヘッジ」とは損失を回避することです。たとえば、保有する国債の値下がりに備えて、国債先物を売ってヘッジする場合で考えましょう。国債の価格が下がると、保有している国債では含み損が出ます。ところが、国債先物を売ったヘッジ取引では逆に評価益が出ます。つまり、全体でみると利益も損失も出ませんし、それがまさにヘッジ取引の目的です。ヘッジ取引の評価損益だけを途中で決算に反映すると実態を表しません。そこで、適切な時期までヘッジ取引の損益を繰り延べる項目が「繰延ヘッジ損益」です。

土地再評価差額金は、土地再評価法に基づき事業用土地を時価で再評価したことで発生したものです。土地再評価法は、１９９８年3月31日から２００２年3月31日までの決算日に1回だけ事業用土地の再評価を認めた時限立法です。銀行の自己資本を強化する政策的な狙いを持つ法律でしたが、事業会社にも適用されました。その会社が保有するすべての事業用土地を再評価しなければならず、選択的な時価評価は認められませんでした。

ある会社の事業用土地が簿価10億円で時価が１１０億円だった場合、事業用土地を１００億円評価増しします。税率を40％とすると、将来の税負担（繰延税金負債）40億円を負債とし、60億円を土地再評価差額金として評価・換算差額等に計上します。土地再評価法では簿価を修正するため、その後、地価が変動しても、減損会計の対象にならない限り、簿価はそのままです。

評価・換算差額等は、連結では２０１１年3月期末から「その他の包括利益累計額」という名称になったので、注意が必要です。

19　株主資本等変動計算書

株主資本等変動計算書は、貸借対照表には含みませんが、ここで取り上げます。

株主資本等変動計算書は、純資産の部の変動明細です。会社法では、一定の手続きを踏めば、いつでも配当ができるようになるなど、純資産の変動要因が増えました。その他有価証券評価差額金のように純資産の部に直接計上する項目も増えました。そこで、純資産がなぜ変動したのかを把握するための財務諸表が必要になったのです。この計算書は、純資産の変動を一覧できるため、配当、自社株買いなど、変動理由が簡単に分かります。損益計算書と貸借対照表をつなぐ役割も担います。株主資本等変動計算書の導入により、単独の利益処分計算書と連結剰余金計算書がなくなりました。

実際の株主資本等変動計算書を見てみましょう（図表２-11）。スペースの関係で図表が２段に分かれていますが、基本は向かって左側の資本金から始まって、右端の純資産合計へと進むイメージです。それぞれの項目ごとに縦に、当期首残高、当期変動額、当期末残高などと区分しています。当期変動額は「剰余金の配当」「自己株式の取得」など変動理由ごとに金額を記載します。

例えば、右端の「純資産合計」の項目を縦にみていくと、「剰余金の配当」で２０００億円近く純資産が減ったことがわかります。「剰余金の配当」を横にみていくと、「繰越利益剰余金」からの配当であることがわかるといった具合です。

図表 2-11　NTTの株主資本等変動計算書
(2015年 3 月期単独、単位：百万円、▲はマイナス)

	株主資本							
		資本剰余金			利益剰余金			
	資本金	資本準備金	その他資本剰余金	資本剰余金合計	利益準備金	その他利益剰余金		利益剰余金合計
						別途積立金	繰越利益剰余金	
当期首残高	937,950	2,672,826	—	2,672,826	135,333	531,000	207,372	873,705
会計方針の変更による累積的影響額							2,365	2,365
会計方針の変更を反映した当期首残高	937,950	2,672,826	—	2,672,826	135,333	531,000	209,737	876,071
当期変動額								
剰余金の配当							▲199,769	▲199,769
当期純利益							556,578	556,578
別途積立金の取崩						▲531,000	531,000	—
自己株式の取得								
自己株式の処分			0	0				
株主資本以外の項目の当期変動額(純額)								
当期変動額合計	—	—	0	0	—	▲531,000	887,808	356,808
当期末残高	937,950	2,672,826	0	2,672,826	135,333	—	1,097,546	1,232,879

	株主資本		評価・換算差額等		純資産合計
	自己株式	株主資本合計	その他有価証券評価差額金	評価・換算差額金等合計	
当期首残高	▲156,932	4,327,549	1,455	1,455	4,329,004
会計方針の変更による累積的影響額		2,365			2,365
会計方針の変更を反映した当期首残高	▲156,932	4,329,914	1,455	1,455	4,331,370
当期変動額					
剰余金の配当		▲199,769			▲199,769
当期純利益		556,578			556,578
別途積立金の取崩		—			—
自己株式の取得	▲340,781	▲340,781			▲340,781
自己株式の処分	12	12			12
株主資本以外の項目の当期変動額(純額)			▲1,934	▲1,934	▲1,934
当期変動額合計	▲340,769	16,039	▲1,934	▲1,934	14,105
当期末残高	▲497,702	4,345,954	▲478	▲478	4,345,475

株主資本等変動計算書には、２つの形式があります。ここに掲載したのは「横型」と呼ぶ形式です。横型とは別に、純資産の項目を縦に並べる「縦型」と呼ぶ形式もります。上場会社の決算短信や有価証券報告書では、以前は縦型でしたが、３月期決算会社の場合、２０１４年３月期から横型になっています。横型の方が見やすいとされます。

注記事項も重要です。株主資本等変動計算書には、①発行済み株式の種類・総数②自己株式の種類・株式数③新株予約権・自己新株予約権④配当――に関する事項が注記されます。④の配当には注意してください。たとえば、２０１６年３月期の株主資本等変動計算書に記載する配当は、２０１５年３月期の期末配当と２０１５年４～９月期の配当（中間配当）の合計です。２０１６年３月期の期末配当は注記で開示します。なお、注記は主に連結株主資本等変動計算書に記載します。

●会社の安全性と成長性を読み解くコツを解説します。自己資本や換金しやすい資産の残高が安全性の目安です。

●過去何年間かさかのぼって比べたり、同業他社と比べたりすることが大切です。それぞれの違いに着目すると財務戦略の特徴が分かります。

●流動負債と固定負債の割合、自己資本と負債の割合など「比率」がカギです。なかでも自己資本比率がもっともわかりやすく大切な指標です。

第3章 貸借対照表の見方

1　どこを見るか

貸借対照表からは大きく分けると、流動性と収益性の2つのことがわかります。流動性は会社が現預金などをどれだけ持っているかで測り、いざというときに支払い能力が高いかどうかを見極める材料になります。安全性あるいは堅実さの指標といってもいいでしょう。ムダな投資をするよりも手元資金をたっぷり持っていたほうが安全ですし、銀行などからの信用も得やすいといえます。実際、貸借対照表の分析手法は、「この企業にお金を貸しても大丈夫か」という債権者サイドの問題意識が出発点となって発展してきた経緯があります。

一方で、現預金を抱え込んだまま設備投資や研究開発を怠ると、会社の競争力は落ちます。将来の収益確保に向けた投資は不可欠です。経営者にとってみれば、事業拡大のチャンスでは、流動性（安全性）を損なってでも投資に踏み出すことは無謀ではないでしょう。積極経営ぶりを示す収益性についても、貸借対照表から読み解けます。

ひとつの決算期の貸借対照表だけでなく、過去の実績にさかのぼって数字を比べたり、ライバル会社と比べたりすると、会社の特徴がよく理解できます。このように、実際の数字を比べて会社の活動の様子をたどることを「実数法」といいます。具体的で詳細な分析が可能ですが、全体像をつかむのには十分ではありません。これに対し、資産合計額、負債・純資産合計額を１００として資産、負債、純資産の各項目の構成比をみる方法を「比率法」と呼びます。会社の全体像を手早く浮かび上がらせます。１つの手法だけに頼らずに、さまざまな視点、手法で、貸借対照表に多角的に光をあてることが大切です。

2　百分比貸借対照表

資産、負債・純資産の各構成項目について、全体（資産あるいは負債・純資産合計）を１００とした場合の比率をパーセント表示するのが「百分比貸借対照表」です。

たとえば、ひと口に負債といっても、短期の流動負債が多い企業もあれば、期間の長い固定負債主体の企業もあるでしょう。百分比をみれば、それぞれ何％ずつなのかすぐにわかり、その企業の特徴がはっきりします。もっと細かく、たとえば流動負債のうち短期借入金、未払金、前受金の比率、あるいは固定負債のうち社債、長期借入金への依存度などを知ることもできます。一方、純資産についても資本金、資本剰余金、利益剰余金などの構成内容についての詳細な分析ができます。

百分比貸借対照表を作ると、金額の実数を眺めているだけではわからない特徴に気づくことも少なくありません。たとえば、上場企業の多くは１９９０年代後半から競うようにして有利子負債の圧縮に取り組んできました。そうはいっても、ただ漫然と負債を減らしたわけではないはずです。どの項目をどの程度減らしてきたかを追跡することによって、財務戦略や資金調達についての考え方が浮き彫りになります。短期から長期までバランスよく負債を削減しているのか、あるいは特定の科目を重点的に減らしてきたのかといった違いは、実質的な利払い負担や財務の柔軟性を左右することにもなりかねません。こうした「実態」を把握しようとするなら、百分比貸借対照表を時系列で比較するのが有効なのはいうまでもありません。

また、百分比貸借対照表は、ほかの会社と比べるのにも便利です。事業規模が異なる2社の貸借対照表を単純に見比べても、それぞれどんな特徴があるのかなかなかピンときません。規模の大小による錯覚を取り除き、相違点や共通点などが明確になるのも、百分比ならではの利点です。

3　比率法

財務諸表のさまざまな項目の「比率」に注目して経営実態を分析する方法は応用の幅が広いです。貸借対照表の項目だけについての比較分析は「静態比率」、損益計算書の項目同士、あるいは損益計算書と貸借対照表の項目についての分析は「動態比率」と呼び、両方をあわせて「比率法」といいます。ここでは「静態比率」に絞って、よく使われる手法を紹介します。

(1) 自己資本比率

自己資本を使用総資本（総資産）で割ったものです。

$$自己資本比率 = \frac{自己資本}{使用総資本} \times 100(\%)$$

会社が使う総資本のうち、自己資本で調達した割合です。この比率が高ければ自己資本が潤沢で、支払い金利の負担が相対的に軽いことがわかります。財務基盤の強さを表す指標といえます。株主資本比率ともいいます。会社法が株主資本を限定した意味で使っているため、ここでは自己資本比率としています。自己資本の定義は第2章の「純資産の部」(75ページ)で説明しています。

(2) 流動比率

流動資産と流動負債の割合を示すものです。

$$流動比率 = \frac{流動資産}{流動負債} \times 100(\%)$$

流動資産が流動負債の何倍あるか、つまり、流動負債の何倍の流動資産を持っているかを示します。流動負債の支払い能力を測る物差しで、200%以上が望ましいとされます。流動負債は1年以内に支払うため、その支払い原資は流動資産です。流動負債の額は変わりませんが、流動資産は、換金しようとすると、帳簿上の金額より安い値段でしか売れないこともあります。そこで、流動資産の価値が半分になっても流動負債の支払いを、流動資産でまかなえる水準が２００％というわけです。

(3) 当座比率

当座資産と流動負債との割合を示しています。

$$当座比率 = \frac{当座資産}{流動負債} \times 100(\%)$$

流動資産のうち棚卸資産は、換金するのに時間が必要です。また、売れ残った在庫をたくさん抱えているような場合には、流動比率が高くても実際の支払い能力は乏しいといわざるをえません。そこで、流動資産から棚卸資産を除いた当座資産で支払い余力をみます。当座資産が流動負債の何倍かをみるのが当座比率です。現金や預金、受取手形、売掛金、有価証券をまとめて当座資産とよびます。

(4) 固定比率

固定資産を自己資本で割って算出します。

$$固定比率 = \frac{固定資産}{自己資本} \times 100(\%)$$

固定資産がどの程度、自己資本でまかなわれているかを示します。自己資本がどれだけ固定資産に投入されているかをみる指標といってもいいでしょう。投下資金は長期間にわたって文字通り固定されます。固定資産は、返済期限のない自己資本を充てるのに適した投資先なのです。

この比率は100%以下であることが望ましいとされます。自己資本は固定資産をすべてまかなってなお余りある——というのが、ゆとりある財務戦略と見なされます。この比率が100%を超える場合は、負債で補う必要があります。その場合には固定負債を充てるのが望ましいとされています。固定資産を自己資本と固定負債の合計で割る指標を、固定長期適合率といいます。

(5) デット・エクイティ・レシオ

自己資本に対する有利子負債の倍率を示します。

デット・エクイティ・レシオ＝$\dfrac{\text{有利子負債}}{\text{自己資本}}$（倍または％）

自己資本比率と並んで財務基盤の強さを示す指標です。負債のなかから利払い負担が生じる有利子負債（デット）に絞って自己資本（エクイティ）と比べます。1倍なら有利子負債と自己資本が均衡している状態です。デットのDと、エクイティのEの頭文字を使ってDEレシオとも呼びます。この倍率が高い（低い）ことをレバレッジが高い（低い）というふうにも言います。

有利子負債から現預金を差し引いた純有利子負債を自己資本で割ることもあり、この場合はネット・デット・エクイティ・レシオと呼びます。先ほどと同様に、ネットDEレシオとも言います。

第4章

損益計算書の解説

- 損益計算書は会社の経営成績を表します。売上高やコストがわかり、その決算期に稼いだ利益を示します。
- 営業利益、経常利益、当期純利益など利益は何種類もあります。一般に経常利益への注目度が高いですが、最も大切なのは純利益です。
- 会社が最終的にいくらの利益を稼ぎ出すかは、税金にも大きく左右されます。繰延税金資産の意味など税効果会計をマスターしましょう。

1　損益計算書とは

貸借対照表が会社の財政状態を示すのに対して、損益計算書は経営成績を表します。会社がどれだけ儲けたかと同時に、どのように儲けたかという流れを物語ります。「収益」から「費用」を差し引いて「純利益」を計算するのが損益計算書の基本です。収益という言葉はなじみが薄いかもしれません。収益は、企業が製品や商品、サービスを売った対価として受け取る金額で、純資産を増やすものです。代表は売上高です。受取配当金、株式売却益、ロイヤルティー収入なども収益です。

ここで注意したいのは、「収益」という言葉が一般に、利益や業績という意味でも使われることです。収益力や収益性という場合は利益を意味しますし、企業収益といえば企業の業績を指します。しかし、企業会計では、収益は主に売上高のことです。日本の損益計算書は通常、収益ではなく売上高から始まります。

損益計算書では、①発生主義の原則②総額主義の原則③費用収益対応の原則——の3つを理解することが重要です。

①発生主義の原則について、企業会計原則は、「すべての費用及び収益は、その支出及び収入に基づいて計上し、その発生した期間に正しく割り当てられるように処理しなければならない」と明記しています。もう少しかみ砕いてみましょう。企業活動には収入と支出があります。収入と支出から、各決算期に帰属するものを収益、費用として切り出して、損益計算書を作成します。たとえば、代金回収が次期であっても、販売が実現した当期に売上高を計上します。そして支払いが次期であっても、その売上高の獲得に使った支出は当期に費用として計上するのです。

②総額主義の原則は、収益と費用を直接相殺することによって、その全部または一部を損益計算書から除外してはならないとする原則です。収益と費用を相殺してしまうと、利益がどんな収益と費用から生み出されたかわからなくなるためです。

③費用収益対応の原則は、収益と費用を適切に対応させるための原則です。考え方としては、当期に実現した収益を確定させ、それに対応する費用を集めるのです。製品を販売したときに、その製品の製造原価を売上原価とします。販売が実現していない製品の製造原価は貸借対照表に棚卸資産として計上し、次期以降の費用にします。この、収益と費用を適切に対応させるという考え方はきわめて重要です。

2　損益計算書の主な項目

損益計算書は、営業損益計算、経常損益計算、純損益計算の3つに区分できます。

会社は、自社でつくった製品やほかの会社から仕入れた商品を販売して営業します。この営業活動を示すのが営業損益です。次に会社は借入金の利息を支払います。これは営業活動そのものではありません。支払い利息は金融取引で発生する費用ですから、営業活動と区分します。これが営業外損益です。営業損益に営業外損益を加えた損益を経常損益と呼びます。「経常」とは「通常の」「正常な」という意味です。

会社には予期せぬ利益や損失が発生します。通常の事業活動とは別の臨時の利益や損失である特別損益を経常損益に加え、税金を差し引くと純損益となります。

日本の損益計算書の形式は、当期業績主義と包括主義の折衷です。経常損益までが当期業績主義で、それに純損益を加えると包括主義になります（図表4－1）。

次に、各項目についてもう少し詳しく述べましょう。

図表４－１　日産自動車の損益計算書

（2012年３月期単独、単位：百万円、▲はマイナス、一部加筆）

		当期業績主義	包括主義
売上高	3,734,336	↑	↑
売上原価			
期首製品棚卸高	42,434		
当期製品製造原価	3,518,958		
合計	3,561,393		
期末製品棚卸高	60,364		
売上原価合計	3,501,029		
売上総利益	233,306		
販売費及び一般管理費	291,059		
営業損失	▲57,752		
営業外収益			
受取利息	4,789		
受取配当金	20,506		
営業外収益合計	35,905		
営業外費用			
支払利息	11,923		
社債利息	6,277		
営業外費用合計	40,577		
経常損失	▲62,424	↓	
特別利益			
関係会社株式売却益	3,709		
特別利益合計	12,330		
特別損失			
固定資産廃棄損	3,673		
特別損失合計	25,833		
税引前当期純損失	▲75,926		
法人税、住民税及び事業税	580		
法人税等調整額	▲1,680		
当期純損失	▲74,826		↓

(1) 営業損益計算

営業損益は、売上高から売上原価と販売費及び一般管理費を差し引いて計算します。売上原価は、売上高の内訳が商品か製品かという違いによって内容が異なります。売上高が商品の場合は、その売上原価は他社からの仕入れで構成されます。これに対して、売上高が製品である場合は自社の製造原価で構成されます。売上高から売上原価を引いたものを売上総利益（粗利益）といいます。

販売費及び一般管理費は、会社の販売活動や一般管理業務で生じる費用です。販売手数料、荷造費、運搬費、広告宣伝費、販売に従事する従業員給料手当などです。一般管理業務に従事する従業員給料手当、減価償却費、不動産賃借料、修繕費、交通費、租税公課なども含みます。減価償却費は、工場の建物、機械など製造関係の分は製造原価になりますが、ここでは本社や販売施設などの分が入ります。また、役員賞与は、かつては剰余金の処分とする会計処理でしたが、現在は費用になります。

こうして売上高から売上原価と販売費及び一般管理費を差し引いて計算するのが営業利益です。売上原価と販売費及び一般管理費をまとめて営業費用といいます。営業利益は営業活動の成果を示し、会社の利益の源泉となります。会社を分析する際にはまず営業利益をみるのが大切です。なお、営業損益がマイナスの場合は、営業赤字または営業損失といいます。

(2) 経常損益計算

会社の経常的活動のうち、営業活動以外の損益を営業外損益といいます。営業損益に営業外損益を加えたものが経常損益になります。営業外損益は営業外収益と営業外費用に分かれます。

営業外収益は、大別して金融上の収益とその他の収益があります。主なものは、受取利息、受取配当金、有価証券評価益、有価証券売却益、仕入割引、雑収入です。

営業外費用も、金融上の費用とその他の費用があります。主なものは、支払利息、創立費や開業費の償却、有価証券評価損、有価証券売却損、売上割引、雑支出です。

会社が売買目的有価証券を保有している場合、その評価益や評価損は営業外収益や営業外費用になります。仕入割引は、仕入代金を期日よりも早く払った場合に生じる利益です。仕入値引とは異なりますので注意してください。この逆が売上割引です。売上代金を期日よりも早く受け取った場合に生じる費用です。売上値引とは異なります。

こうして算出した経常損益は、経常的な事業活動の成果を示します。

(3) 純損益計算

経常損益に特別損益を加えると税引前当期純利益（税引き前利益）になります。税引前当期純利益から税金を差し引いて当期純利益を計算します。この区分が純損益計算になります。特別損益には、臨時あるいは異常な損益を計上し、特別利益と特別損失に分けて表示します。

企業会計原則注解では、臨時損益を特別損益として例示しています。臨時損益には、固定資産売却損益、転売以外の目的で取得した有価証券の売却損益、災害による損失があります。不動産の売却損益や投資有価証券の売却損益は特別損益になります。

企業会計原則注解が例示する特別損益は少ないですが、実際の会社の決算を見ると、これら以外の特別損失がたくさん出てきます。

たとえば、特別退職金、構造改善費用、減損損失などです。こうした項目も特別損益に計上します。ただ、会社は都合が悪い損失をまとめて特別損失に計上する傾向があり注意が必要です。大きな損失を前倒しで出せば、その後は経常利益が出やすくなります。特別損益が利益操作の温床になりかねません。国際会計基準には特別損益という項目はありません。

税引前当期純利益の後に登場するのが税金です。税金は、「法人税、住民税及び事業税」と「法人税等調整額」の2つに分かれます。最初の法人税、住民税及び事業税は、当期に負担する実際の納税額です。法人税等調整額は、税効果会計の適用によって本来支払うべき税金額に調整するための項目です。この2つを合計した金額が会計上の税負担額になります。税引前当期純利益から税負担を引くと、当期純利益が残ります。当期純利益が、すべての費用を差し引いて残った最終的な儲けです。当期純利益は、株主資本等変動計算書を経由して、貸借対照表の利益剰余金に反映されます。

COFFEE BREAK

―海外では経常利益がない？―

経常利益は会社の通常の稼ぐ力を表す利益として、さまざまな場面でよく使われます。会社の業績といえば経常利益を思い浮かべる人も多いでしょう。しかし、海外では、業績を代表する利益として純利益を使うのが一般的です。実は、米国の会計基準や国際会計基準では、日本の経常利益に相当する利益がそもそもありません。なぜ、日本では経常利益が注目されるのでしょうか？

これは、歴史的な経緯の名残のせいだと考えられます。実は、日本の損益計算書は1974年の修正までは、企業会計原則が当期業績主義を採用していました。当期業績主義とは、損益計算書を経常損益で終わりにし、特別損益は損益計算書を通さずに貸借対照表に反映する方式です。つまり、かつては損益計算書は経常利益で終わっていたのです。

ところが、都合の悪い損失などを経常損益から省く会社が出てきたため、日本の損益計算書は、経常利益の後に特別損益なども含める現状の方式に変わりました。日本で経常利益が重宝されるのは当時の名残のようです。

3　収益認識

収益とは日本では主に売上高のことです。認識とは会計上どう処理（計上）するのかということです。つまり収益認識とは「売上高の計上」です。損益計算書の最初に出てくる項目である売上高は、初心者であっても頭を悩ますことはないでしょう。会社が財やサービスを売って得た収入のことなので、すんなりと頭に入ると思います。初心者のかたはひとまず、本項「収益認識」を読み飛ばしても構いません。

しかし、決算書を作成する側にとって、売上高の会計処理はとても複雑で難しい課題です。決算書を利用・分析する側にとっても、会社の業績をより深いレベルで理解するには、収益認識の問題を避けては通れません。特に、売上高は会社の成長をみるバロメーターとしてよく注目されるだけに、収益認識のルールはとても重要です。

実は、日本ではこれまで、売上高に関するまとまった会計基準がありませんでした。２０１８年３月に、収益認識に関する会計基準が公表されました。２０２２年３月期から適用を義務付けました。欧米は先行して新しい収益認識の会計ルールを導入しています。

売上高の会計処理が難しいのは、会社が提供する製品やサービス、取引形態が多様だからです。例えば、システム開発会社が新しいシステムを取引先に納入し、代金10億円を手にしたとします。ところが、この代金に3年間の保守サービスの料金も含んでいたとしたらどうでしょう。新しい会計基準では、全体の代金10億円を、システム本体の価格と保守サービスの価格に配分し、まずシステム本体の売上高を計上し、保守サービスの売り上げはサービスを提供するにつれて分割して計上します。

つまり、会社が売った財・サービスを内容によって切り分けたうえで、別個に売上高として処理しなければならないのです。家電量販店やドラッグストアなど小売業界で一般的な、買い物客にポイントを付与する制度はどうでしょうか。家電量販店がお客さんに液晶テレビ1台を10万円で売ると同時に、1万ポイントを付与しました。ここで、1万ポイントは将来、1万円の値引きをしてもらえる権利としましょう。この場合、家電量販店は液晶テレビを顧客に渡した時点では、代金10万円すべてを売上高としては計上できません。

一定のルールのもと、代金10万円を液晶テレビの販売価格とポイント付与分とに分けます。ポイントが実際に利用される確率を反映してポイント付与分の価値を見積もるなど細かな算定方法が決まっています。

テレビ本体の分は売上高として計上する半面、ポイント付与分は会社にとっては将来、値引きする義務なので売上高としては計上せず、貸借対照表に契約負債として計上します。消費者が将来、ポイントを使って買い物をしたときに、契約負債を売上高として計上します。あるいは、使用期限が切れてポイントが失効した場合にも、契約負債を取り崩して売上高として計上します。

いくつもの財・サービスが組み合わさった取引をどう分けるかという問題のほか、「本人」か「代理人」か、ということも厳密に区別します。自社で仕入れた商品を販売し、売れ残った分の損失は自社で負担するような場合、これは本人として売っており、取引額の総額を売上高として処理します。しかし、顧客をみつけて商品を売るものの、その商品は別の会社が在庫として抱えており、売れ残っても損失は被らない場合はどうでしょう。これは、代理人として取引しているだけです。取引額の総額ではなく、顧客をみつけてきた手数料に相当する部分（純額）を売上高として計上します。商社など仲介業務を手掛ける業態では、新しい会計ルールが売上高に大きく影響する可能性があります。

いろいろな業界や業種で、独特の取引慣行や取引形態があり、個々にみていくときりがありません。新しい会計基準では、売上高を計上するときの基本ステップを5段階で示してい

図表4－2　売上高を計上する5つのステップ

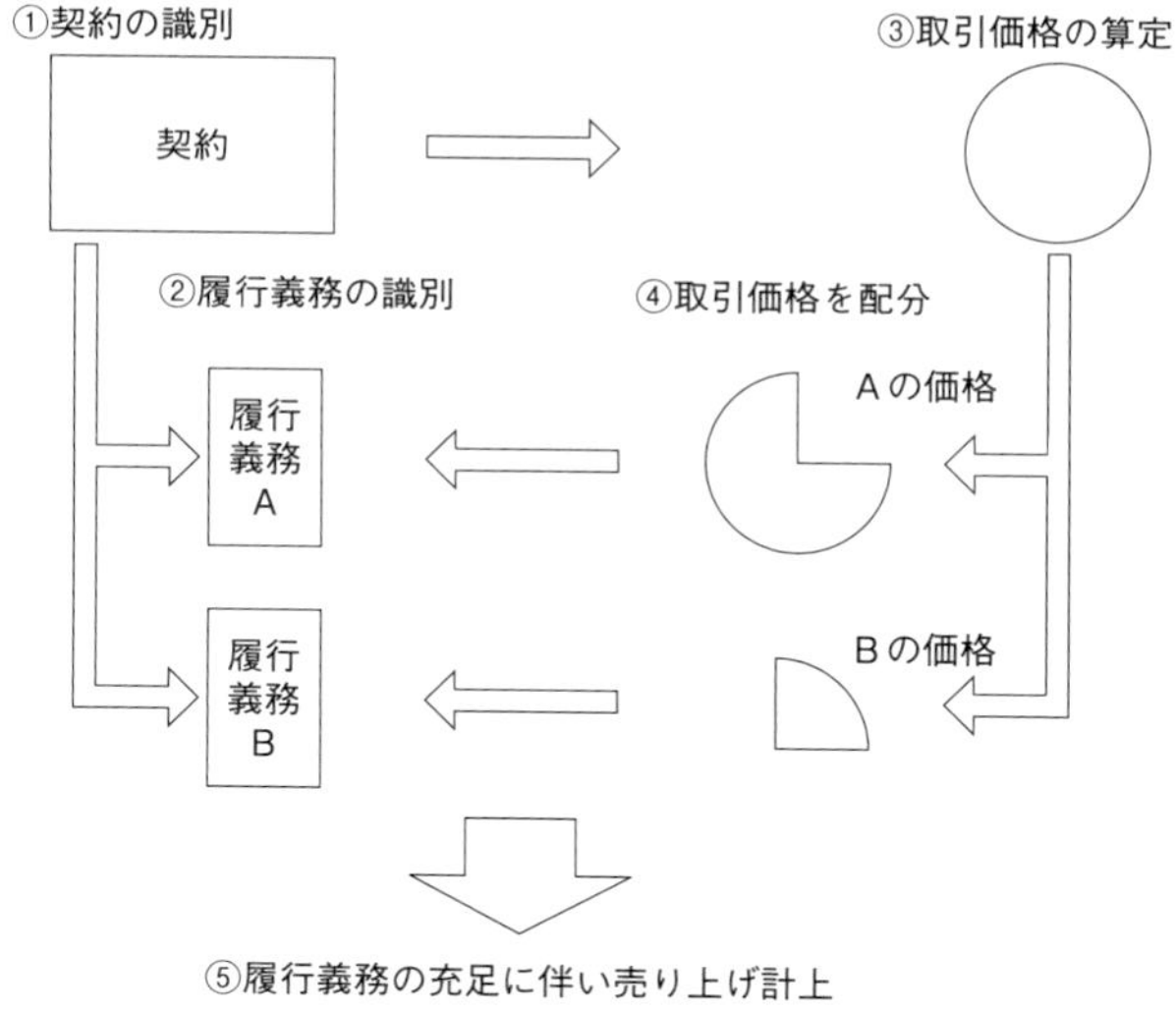

ます。①契約の識別、②履行義務の識別、③取引価格の算定、④履行義務ごとに取引価格を配分、⑤履行義務の充足に伴う収益認識――の5つのステップです（図表4-2）。

まず、第1ステップは会社と顧客の間で、モノやサービスを売るという取引が実際にあることを確認する、といった理解でいいでしょう。スーパーのレジで、スポーツドリンクのペットボトル1本を100円払って買っても、そうした売買の契約があると考えます。

第2のステップでは、契約の内容をみて必要に応じて複数の履行義務に分解します。さきほど出てきた例でいえば、システム本体を納入する履行義務と、納入後3年間にわたり保守サービスを提供する履行義務に分解します。一方で、第3ステップとして契約全体の取引価格がいくらかを算定します。液晶テレビ1台を10万円で売った例では、取引価格は10万円と単純です。しかし、会社と会社の取引では、あとで返品がきたり一定の条件で価格が変わったりする取引があります。そうした場合には、取引価格を一定の方式に従って算定しなければいけません。

第4のステップでは、取引価格を履行義務ごとに分割します。3年間の保守サービス付きでシステムを10億円で売った場合を考えましょう。まず、システムと保守サービスをそれぞれ別個に売った場合の価格を算定します。収益認識の会計基準では、この価格を「独立販売価格」と呼びます。

システムの独立販売価格が6億円、保守サービスが4億円であれば簡単です。しかし、現実のビジネスでは、さまざまな財・サービスを組み合わせて値引きもします。仮に、システムの独立販売価格が10億円、保守サービスが5億円だったらどうでしょうか。この場合は、独立販売価格の比率に応じて、取引価格10億円のうち3分の2をシステムの価格、残り3分の1を保守サービスの価格として配分します。

では、独立販売価格とはどうやって算定するのでしょうか。独立販売価格がはっきりしない場合はどうでしょうか。いろいろな問題が出てきます。いずれにせよ、会社はこうした細かな調整をしなければいけないのです。

最後にステップ５では、履行義務を充足するごとに売上高として計上していきます。システムを顧客に引き渡したら、その時点でシステムの売上高を計上します。一方、保守サービスは例えば、月に一回の頻度で顧客のオフィスを訪問してサービスを提供するのであれば、そうした訪問サービスを実施するごとに、売り上げとして分割して計上していきます。

一見すると簡単そうな売上高は、会社にとっては実務上も負担が大きく会計処理が難しい項目のひとつです。近年、注目度が高まっているスタートアップなどでは、会社の成長力をみるうえで売上高が最も注目されます。しかし、過去のさまざまな会計不祥事つまり粉飾決算では、売上高を不正に操作する例が多いのも事実です。単純にみえる売上高は実は奥が深いのです。

収益認識に関する会計基準の適用が始まった当初は、業界特有の取引慣行が原因で売上高が数字上は大きく減る現象がいくつかありました。新ルールへ移行する際の一時的でテクニカルな現象ですが、企業会計における売上高のとらえ方を理解するうえで参考になるため、

図表４－３　三越伊勢丹ホールディングスの決算短信の一部

1．2022年３月期の連結業績（2021年４月１日～2022年３月31日）

(1)　連結経営成績

	売上高	
	百万円	%
2022年３月期	418,338	—
2021年３月期	816,009	△27.1

当連結会計年度の期首より、「収益認識に関する会計基準」等を適用しているため、当該基準等適用前の前期の実績値に対する増減率は記載しておりません。なお、当該基準等を適用しなかった場合の売上高は912,114百万円（対前年同期比11.8％増）であります。

（注）　三越伊勢丹の2022年３月期 決算短信（連結）から関連部分のみを抜粋

実例をひとつ紹介します。

図表４-３は三越伊勢丹ホールディングスの決算短信から、売上高の部分と関連する注記のみを抜粋したものです。図表の数字だけを比べると、２０２２年３月期の売上高はその前の期に比べほぼ半減しています。しかし、注記を読むと、新ルールを「適用しなかった場合の売上高は９１２，１１４百万円（対前年同期比11・８％増）であります」とあります。会計処理の変更による影響を取り除けば、経済実態としては売り上げが伸びたことがわかります。

百貨店やスーパーなど小売業で特徴的な「消化仕入れ」と呼ばれる取引が、売上高が目減りした主因です。読者のみなさんも百貨店に行って買い物をしたことがあるでしょう。百貨店の中にはいろいろな小売店がテナントとして入居して商品を販売しています。消化仕入れでは、テナント店でお客さんが例えば１万円の商品を買ったら、百貨店がその商品を仕入れてお客さんに売ったことにする取引です。

百貨店は商品が売れたら仕入れる取り決めなので、在庫リスクを負っていません。前もって商品を仕入れて店頭に並べ、売れ残った場合の損失を負うのはあくまでもテナント側です。ここで、前述の「本人」と「代理人」という考え方をつかいます。消化仕入れの場合、百貨店は「代理人」にあたります。さきほどの例でいえば、収益認識の会計基準では、商品が１万円で売れても、百貨店はその総額をそのまま売上高としては計上できません。仮に、百貨店がテナントから仕入れた価格が６０００円だとすると、百貨店が売上高として計上するのは、１万万円から仕入れ価格を差し引いた４０００円だけとなります。

百貨店では、テナントの小売店だけでなく、百貨店が直接運営する売り場もあります。百貨店のバイヤーがあらかじめ商品を仕入れて、百貨店が売れ残りのリスクなどを負いながら販売する場合は、百貨店は「本人」にあたり、新しい売上高の基準のもとでも、仕入れコストを含む総額を売上高として計上します。

4　製造原価

ここで、製造業の会社にとっての売上原価つまり製造原価について説明します。有価証券報告書に掲載される製造原価明細書をみると原価の内訳がわかります。損益計算書に出てくる売上原価の内容を説明するのが製造原価明細書です。ただ、単独ベースだけで、連結ベースの明細書はありません。実際の製造原価明細書（図表4-4）に沿って説明しましょう。

製造にかかる費用を大きく4つに分けます。①材料費②外注加工費③労務費④経費です。

①材料費は、原料、材料などの消費高です。消費高は単価と消費量で決まります。
②外注加工費は、他の会社に材料を提供して製造工程の一部を委託する費用です。
③労務費は、賃金、給料など、労務の対価を指します。労働力を多く使う業種は労務費が大きくなります。
④経費は、工場の有形固定資産の減価償却費が主になります。工場用に土地や建物を借りている場合は、それらの賃借料などを計上します。工場を動かし生産活動をするには、電力

図表４－４　ファナックの製造原価明細書

（2015年３月期）

区分	金額（百万円）	構成比（%）
材料費	204,480	69.2
外注加工費	12,350	4.2
労務費	41,459	14.0
経費	37,226	12.6
当期総製造費用	295,515	100.0
期首仕掛品棚卸高	30,672	
計	326,187	
期末仕掛品棚卸高	37,945	
他勘定振替高	256	
当期製品製造原価	287,986	

費、ガス・水道費、修繕費なども必要です。このほか、旅費、交通費、通信費、雑費なども発生します。もちろん、製造原価の経費になるのは工場関係の分に限られます。

これらを合計すると当期総製造費用となります。これがそのまま原価にはなりません。期首仕掛品棚卸高を加え、期末仕掛品棚卸高を差し引き、他の勘定に振り替えた金額を調整し、当期製品製造原価となります。当期に完成した部分だけが当期の原価になるわけです。

製品のコスト構造を分析するうえで製造原価明細書はとても役立ちます。しかし、２０１４年３月期から、連結財務諸表でセグメント情報を注記している会社は作成が免除されています。明細書を開示している上場会社は大幅に減っています。

5　研究開発費やソフトウェアの会計

会社の成長にとって重要な費用のひとつが研究開発費です。ところが、研究開発費に関する会計基準が以前はなかったため、発生時に費用処理する会社と、繰延資産として費用計上を繰り延べる会社が並存し、会社間で比べられず不便でした。

２０００年3月期から研究開発費等会計基準が適用になり、研究開発費は発生時にすべて費用として処理することになりました。研究開発費は、発生時には将来の収益を獲得できるか不明で、資産として計上するのは適当ではないと判断したのです。

研究開発費は、新製品の計画・設計または既存製品の大きな改良などのために発生する費用です。人件費、原材料費、固定資産の減価償却費など、研究開発に使ったすべての原価を含みます。研究開発担当者の人件費も入る点に注意してください。

研究開発費は損益計算書のどこに計上するのでしょうか。販売費及び一般管理費の一般管理費、または当期製造費用に計上します。両方の合計が有価証券報告書で注記されます。

次はソフトウェア制作費の会計です。研究開発費等会計基準の「等」はソフトウェア制作費を指しています。ソフトウェアとは、コンピューターを動かすソフトをいいます。ソフトウェア制作費のうち、研究開発を目的とした部分は研究開発費として費用処理します。研究開発費に該当しない部分は、①受注制作のソフトウェア②市場販売目的のソフトウェア③自社利用のソフトウェアに分けて会計処理方法を決めています。

①受注制作のソフトウェアは、工事契約の会計処理に準じて処理します。工事契約の会計処理には工事進行基準と工事完成基準があり、どちらかを適用します。工事の進行に合わせて売上高を計上するのが工事進行基準で、完成・引渡しをもって売上高を計上するのが工事完成基準です。

②市場販売目的のソフトウェアの製品マスター（複写可能な完成品）が完成するまでの制作費は、研究開発費として費用処理します。完成後の制作費は、研究開発費に該当する著しい改良や、機能維持の費用を除き、無形固定資産として計上し、原則3年以内に償却します。具体的には、操作性の向上など機能の改良（著しいものを除く）や強化に要した費用が該当します。

③自社利用のソフトウェアは、将来の収益獲得または費用削減が確実である場合は無形固

定資産として計上し、原則5年以内に償却します。将来の収益獲得または費用削減が確実か不明の場合は資産計上できず、費用処理します。貸借対照表でソフトウェアが資産計上されるのは、②市場販売目的のソフトウェア③自社利用のソフトウェアになります。

ソフトウェア制作費の会計処理は、制作目的別に設定しているのが特徴です。これは、制作目的によって将来の収益との対応関係が異なるからです。ただし、研究開発費に該当する部分は、制作目的に関係なく費用処理します。

6 税効果会計

損益計算書の最後に登場する項目が税負担です。損益計算書で最も難しいのが税負担の考え方です。単純に納税額を計上するのではなく、会計上の調整をするからです。会計上の税負担を調整するのが税効果会計です。

損益計算書に計上する税負担は、法人税、住民税及び事業税と法人税等調整額の合計になります。法人税等調整額は、税負担を実際の納税額から本来支払うべき税額に調整する役割を担います。企業会計上の利益（税引前当期純利益）と税負担（法人税等）の対応関係を正常にするためのしくみが税効果会計です。税金を適切に期間配分する手法といえます。

企業会計上の利益と税務上の課税所得の計算には違いがあります。

収益－費用＝税引前当期純利益

益金－損金＝課税所得

前者が企業会計上の、後者が税務上の損益計算です。収益と益金、費用と損金は内容が異なります。

税引前当期純利益が１０００億円、税率が40％なら、税負担は４００億円、当期純利益は６００億円になるはずです。しかし、実際にはこうなるとは限りません（図表４−５）。この期に計上した貸倒引当金繰入額２００億円が税務上の損金にならなかったとします。そうすると、課税所得は１２００億円に増え、納税額は４８０億円になります。納税額をそのまま税負担として計上すると、当期純利益は５２０億円に減ります。

この貸倒引当金繰入額は、取引先が経営破綻すると税務上、損金になるはずです。つまり、現時点では税金を前払いしているわけです。そこで、２００億円の40％に当たる80億円を法人税等調整額として損益計算書に計上し、税負担を減らします。こうして、法人税等を本来

図表４－５　税効果会計のしくみ

（単位：億円、▲はマイナス）

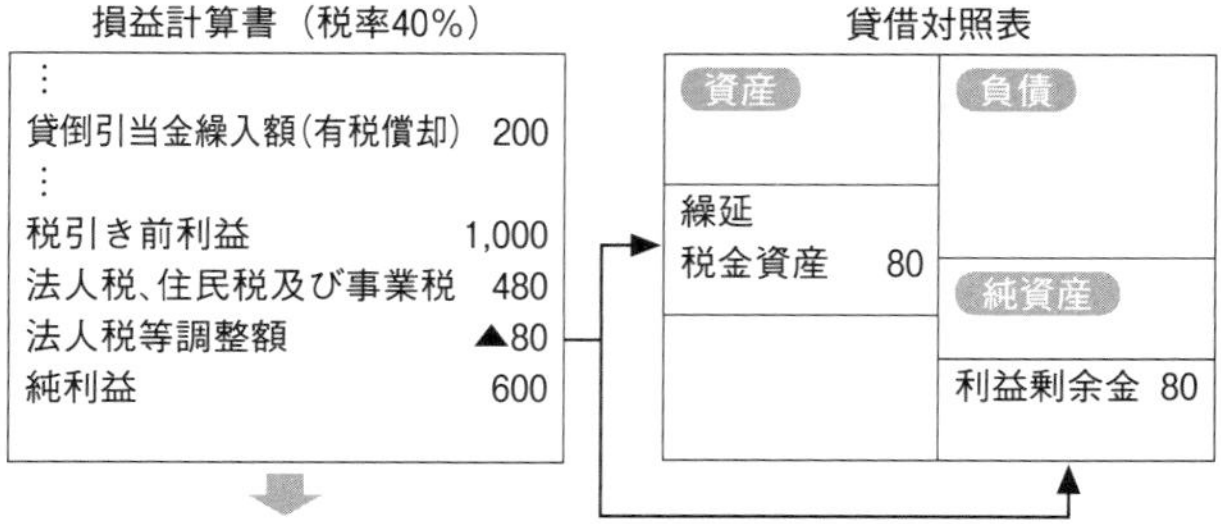

税効果会計を適用しないと税負担率は
480÷1,000×100＝48%
税効果会計を適用すると
400÷1,000×100＝40%
有税償却による税負担への影響を除くことができる

支払うべき金額に調整します。

法人税等調整額の80億円は、貸借対照表では繰延税金資産として資産に計上します。そして、貸倒引当金繰入額が損金になった時点で取り崩します。今度は、税負担を増やすように法人税等調整額を計上します。

重要なことは、繰延税金資産が資産計上されると、純資産の部の利益剰余金が同額増えることです。会計上の税負担を減らすことは、当期純利益がそれだけ増えることを意味します。利益剰余金がマイナスの企業では、マイナス幅が縮小していると理解してください。

繰延税金資産は税金の前払いであり、「将来の税金を減らす効果のある資産」です。この逆が繰延税金負債です。繰延税金資産について「将来の税金の還付を見込んで計上する」という表現をよく目にしますが、これは正しくありません。将来、課税所得が発生したときに会計上の税負担を軽減する効果を織り込んでいるだけで、税金の還付とは異なります。

先ほどの事例では、貸倒引当金の損金不算入を取り上げました。税金を払って貸倒引当金を積むため「有税償却」と呼ばれます。有税償却のように、企業会計と税務の処理の違いが原因で、時期がくれば解消する差異を「一時差異」といいます。このほか、繰越欠損金も後の年度の課税所得と通算されて税金を減らす効果があるので、一時差異と同様に扱い税効果会計の対象になります。

逆に、企業会計と税務の処理の違いで、永久に解消しない差異を「永久差異」と呼びます。また子会社からの配当金は、企業会計上は収益になりますが、税務上は益金にはしません。交際費は、企業会計上は費用ですが、税務上は全額が損金になるわけではありません。こうした永久差異は税効果会計の対象にはならないのです。

有税償却や繰越欠損金が増えれば、理論上の繰延税金資産も増えます。しかし、それを貸借対照表に計上できるかどうかは、将来の課税所得にかかっています。十分な課税所得を見込めなければ、繰延税金資産の計上は認められません。

繰延税金資産に計上できる金額は「繰延税金資産の回収可能性に関する適用指針」（企業会計基準適用指針第26号）で判断基準を示しています。どれだけの課税所得を稼いでいるかに応じて会社を5つに分類し、各分類ごとに繰延税金資産を計上できる範囲などを示しています。

決算期末になると「繰延税金資産の取り崩しで最終赤字」といった報道がよくありますが、これは業績悪化で繰延税金資産を減額するためです。ちなみに、繰延税金資産の取り崩しは法人税等調整額を通して損益計算書に表れます。特別損失ではありません。

貸借対照表に出てくる繰延税金資産をみても、どのような理由で生じたものか、その内訳はわかりません。有価証券報告書では貸借対照表とは別に、主な原因別の内訳を開示しています（図表4-6）。この図表に出てくる「評価性引当額」には注目です。

引当額といっても、損益計算書に費用として計上するものではありません。繰延税金資産の内訳を説明するこの注記にしか出てこない項目です。繰延税金資産はさきほど説明したように、課税所得を稼ぎ出す力に応じて、計上できる額が制限されます。繰延税金資産になりうる額と、実際に計上できる額には差があります。

図表で「小計」とある金額が、繰延税金資産になりうる額つまり理論値のようなものです。

図表４－６　トヨタ自動車の繰延税金資産・負債の内訳

（2015年３月期単独、単位百万円）

繰延税金資産	
有価証券	238,703
製品保証引当金	202,846
未払費用	181,864
退職給付引当金	85,025
償却資産	68,627
未払事業税	21,497
その他	145,615
小計	944,179
評価性引当額	▲273,393
合計	670,786

繰延税金負債	
その他有価証券評価差額金	▲676,648
固定資産圧縮積立金	▲5,163
その他	▲483
合計	▲682,296

このうち、繰延税金資産として認められない額が評価性引当額です。貸借対照表に計上しない額を、評価性引当額として控除するわけです。

この評価性引当額の増減を時系列で追いかけたり、計上している繰延税金資産の額と比べたりすると、その会社の繰延税金資産に対する計上の姿勢が浮かび上がります。すでに計上していた繰延税金資産を取り崩すと、その分は評価性引当額が膨らみます。

もう１つ重要なポイントがあります。繰延税金資産・負債には、損益計算書の法人税等調整額を経由せずに貸借対照表に直接計上するケースがあることです。その他有価証券の時価評価や、連結子会社化する際の資産の時価評価などが該当します。これらも企業会計と税務の差異に当たり税効果会計の対象となります。

7 外貨換算の会計

(1) 外貨建て取引

会社は海外から原材料や商品を輸入します。そのうち製造業は原材料を加工し、製品として海外へ輸出します。こうした輸入や輸出の多くは、ドル、ユーロといった外貨建てで行います。一方で、日本企業の財務諸表は円で表示しますから、外貨建ての取引を円に換算する必要があります。

COFFEE BREAK

―減税で純利益が減る？―

本書では税率について、計算がしやすい40%という値を便宜的に使っています。しかし、政府は法人減税を進めており、現実の税率はもっと低くなっています。実は、税効果会計では減税が決まると、一時的に会社の利益が減る奇妙な現象が起きることがあります。

例えば、税率が40%の時に繰延税金資産を計上している会社があるとします。これから税率が20%に下がることに決まったらどうでしょうか。

繰延税金資産はいわば税金の前払いです。ところが、減税があると20%の税金ですむところを、わざわざ40%の税金を前払いしていたことになります。この20%余分に前払いした分を取り崩す必要があります。繰延税金資産を取り崩す、つまり損益計算書で税負担が増すように法人税等調整額を計上します。結果的に減税が利益を押し下げる方向に働くのです。

外貨建て取引では、①取引発生時②決算時③決済時――の３つの場面に分けて会計処理を考えましょう。

取引発生時は、売り上げ、仕入れなど、それぞれの取引が発生した時点の為替相場で円換算して記録します。取引発生時の為替相場とは、当日の直物為替相場（直物レート）または平均相場です。平均相場には月平均や週平均があります。前月末のような直近の一定日も使えます。取引を外貨で記録し、各月末などの合計額を、その時点の直物為替相場または平均相場で換算もできます。

次は決算時の処理です。決算時には外貨建ての資産・負債を円換算します。ここでは売掛金、買掛金といった金銭債権・債務に絞って説明します。外貨建て金銭債権・債務は、決算時レートで円に換算します。例えば、売掛金を１ドル＝80円で計上し、決算時点で為替相場が１ドル＝１００円だったとします。貸借対照表で売掛金は80円から１００円に増えます。この差額の20円は為替差益として営業外収益に計上します。

買掛金では逆になります。買掛金を１ドル＝80円で計上し、決算時点で１ドル＝１００円だったとすると、貸借対照表で買掛金は20円増えます。差額の20円は為替差損として営業外費用に計上します。つまり換算による債権の増加は為替差益、債務の増加は為替差損になります。換算による債権、債務の減少はこの反対になります。

最後は決済時の会計処理です。1ドル＝100円で計上した売掛金を決済し、決済時の為替相場が1ドル＝110円だったとします。貸借対照表では110円の現金が入るのに対し、売掛金の減少は100円です。差額の10円は為替差益として営業外収益に計上します。

為替差益と為替差損を合わせて為替差損益といいます。為替差損益には決算時の「換算差損益」と決済時の「決済差損益」の2つがあるわけです。

輸出企業の業績について、「1ドルにつき1円の円安で10億円の増益要因」といった報道がされます。これは単純に考えると、ドル建ての販売から購入を引いた差額が10億ドルあることを意味しています。

(2) 為替予約

輸出や輸入をしている会社にとって大きな問題は為替相場の変動です。輸出企業は為替相場が円高になると、円換算する売上高が目減りし業績が悪化します。逆に、輸入企業は円高になると、購入コストが下がり、業績を押し上げます。こうした為替相場の変動を抑制するために、為替予約という手法を使います。

為替予約とは、会社が銀行との間で、将来、外貨と円を交換するときに適用する為替レートを現時点で前もって決める契約です。為替予約はデリバティブ（金融派生商品）の一種であり、銀行との相対契約です。

銀行から外貨を買う契約をするのを「買い予約」、外貨を売る契約をするのを「売り予約」といいます。輸出企業は販売で稼いだ外貨を売って円に換えるので売り予約を、輸入企業は支払いに充当するために円を売って外貨に換えるので買い予約を、それぞれします。

為替予約は将来の為替相場を確定するものなので、通常の取引に使う直物為替相場ではなく、先物為替相場（先物レート）を使います。為替予約をすると、予約レートという言い方をします。

為替予約には「独立処理」と「振当処理」という2つの方法があります。原則が独立処理、例外が振当処理という関係になります。

▽**独立処理**＝外貨建て取引と為替予約を別々の取引とみなして、それぞれ会計処理します。

▽**振当処理**＝外貨建て取引と為替予約を一体の取引とみなして、為替予約によって固定された円貨額で換算する方法です。日本では伝統的に使われている方法ですが、国際的な会計基準では認められていません。

両者の違いを設例で比較しましょう。4月1日に米国の顧客へ10ドルで製品を輸出し、売掛金にしたとします。同日にこの売掛金の決済日（5月31日）を実行日とするドル売り予約をしました。予約締結日の為替相場は、直物1ドル＝95円、先物1ドル＝93円、決済日は直物1ドル＝90円とします。このケースでは、予約レートは1ドル＝93円になります。

先に簡単な振当処理から説明します。振当処理では、販売日に先物相場を使って、売掛金930円と売上高930円を記録します。決済日には930円の現金が入り、売掛金を同額減らします。振当処理では取引発生時に為替予約をすると、予約レートで金額が固定され、事実上の円建て取引になります。実務上、こうした処理が行われています。

これに対して、独立処理では、外貨建て取引と為替予約を別々に処理します。まず販売日に直物相場を使って、売掛金950円と売上高950円を記録します。決済日の入金は900円なので、ここで為替差損が50円発生します。

決済日に為替予約はどう機能するのでしょうか。1ドル＝93円で売り予約をしています。計算上、直物相場の90円で買って、予約した93円で売ると、3円の儲けになるので、決済すると、30（3×10）円の為替差益が発生します。為替差損50円のうち30円を吸収して、営業外費用の為替差損は20円になります。

振当処理の売上高930円に対して、独立処理の売上高は950円ですが、為替差損20円があるので、経常利益ベースでは同じになります。

ここで取り上げた例はごく基本的なものです。為替予約の会計処理は、為替予約のタイミングが取引の前か後か、決算日を挟むか否か、使うデリバティブ取引の種類は何か、などによって様々なパターンがあります。

第5章

損益計算書の見方

●利益を売上高で割った売上高利益率は、収益力を測る指標です。利益を総資産で割る総資産利益率もよく使う指標です。

●売上高を資産で割る資産回転率も、経営効率をみるうえで重要です。回転率が高いほどバランスシートの無駄が少ないことを示します。

●ROEは会社の資本効率を測る物差しとして定着しつつあります。株主から預かった資本をもとに何%の利回りで利益を稼いでいるかを示します。

1　比率分析

損益計算書の各項目の金額を、売上高に対する比率（%）に引き直すことは、会社の収益力を分析するうえできわめて有用です。損益計算書の項目間だけでなく、貸借対照表の項目も使えば、もっと幅広い分析ができます。第3章「貸借対照表の見方」で取り上げたように、%表示や回転率を用いて企業を分析することを比率法と呼びます。ここでは、損益計算書の項目同士や損益計算書と貸借対照表の項目を分析する「動態比率」を紹介します。

$$\text{売上高原価率} = \frac{\text{原価}}{\text{売上高}} \times 100(\%)$$

$$\text{売上総利益率} = \frac{\text{売上総利益}}{\text{売上高}} \times 100(\%)$$

比率分析のなかで最もなじみやすいのは、利益を売上高で割って%表示した売上高利益率でしょう。利幅が大きいものを売ればこの比率は高くなり、逆にあまり儲からないものなら、いくら売っても売上高利益率は低いままとなります。「薄利多売」という言葉通りです。売上高利益率は、企業の収益力を測る代表的な物差しといえるでしょう。売上高や利益の規模が違う会社の間でも収益力を比べやすくなります。

利益には、営業利益、経常利益、純利益の３種類があります。売上高利益率も同様です。売上高営業利益率、売上高経常利益率、売上高純利益率などを使い分ける必要があります。

売上総利益（粗利益）を売上高で割った売上総利益率（粗利益率）も知っておくとよいでしょう。粗利益は「そりえき」ではなく「あらりえき」と読みます。売上高から売上原価を差し引いたものが売上総利益ですから、売上総利益率が30％なら、売上高原価率は70％となります。

収益力を測る指標は売上高利益率のほかにもいろいろあります。よく使われるのは総資産利益率です。これは、利益を総資産で割って％表示したものです。総資産は、会社が持っているすべての資産のことです。これを使って会社が一定期間にどの程度の利益をあげている

$$\text{ROA（総資産利益率）}=\frac{\text{純利益}}{\text{総資産}}\times 100（\%）$$

かを示すのが総資産利益率です。総資産と同じ意味として使用総資本という言葉を用いて、使用総資本利益率と呼ぶこともあります。この数値が高いということは、持てる資産をフルに活用してよく儲けているといえるでしょう。

注意しないといけないのは、資産は利益を生んだ期間の平均でとらえるべきだという点です。期中に設備投資を積極的にした結果、期末に資産が急増した場合、期末の資産で割るのではなく、期初の少ない資産と期末の資産の平均値で割ったほうがいいでしょう。

利益は複数あるため、総資産利益率といっても、総資産営業利益率、総資産経常利益率、総資産純利益率のいずれなのか、はっきりさせなければなりません。よく使うのは総資産純利益率です。単に総資産利益率と呼ぶ場合、これを指すことが多いようです。英語ではReturn On Assetといい、略してROA（アール・オー・エー）と呼びます。

$$総資産回転率 = \frac{売上高}{総資産}(回)$$

$$棚卸資産回転率 = \frac{売上高}{棚卸資産}(回)$$

$$\text{手元流動性比率} = \frac{\text{手元流動性}}{\text{1カ月当たり売上高}}\text{（月）}$$

売上高を資産で割ると、資産回転率が求められます。単位は％ではなく「回」です。たとえば、売上高を分子、総資産を分母にして算出した値が2になったとしましょう。この会社はこれだけの売上高をあげるために、1年間に総資産を2回転させたといえます。総資産回転率は使用総資本回転率ともいい、会社が持つ資産の効率性を示す指標です。資産回転率が高いことは、少ない資産で多くの売上を生み出しているわけで、経営効率が高いとみることができます。

総資産回転率は業種によってばらつきがあります。モノを作り出すのに膨大な設備が要る装置産業の場合、総資産回転率は低くなりがちです。鉄鋼業や電力会社などがその代表といえます。

資産のなかでも、棚卸資産だけを取り出し分母とし、売上高を分子にして計算すると、棚卸資産回転率となります。この回転率が高いと、棚卸資産が短期間に速く回転したことを意味し、在庫管理がすぐれているうえ、資金効率もよいといえます。企業は、余計な製品在庫や仕掛品をできるだけ持ちたくないと考えるものです。棚卸資産回転率の推移をみれば、在庫管理が改善しているのかどうかがわかります。

分母を現預金、分子を売上高にすると現預金回転率を求められます。この場合、回転率が高いほどいい、ということにはなりません。それぞれの企業に応じて、適正水準を探ることになります。

むしろ、会社の支払い力をみるうえでは、手元流動性比率のほうが一般的です。手元流動性とは、現預金に短期保有の有価証券を加えたものです。この手元流動性を売上高で割って求めるのが手元流動性比率です。売上高は、1年間の売上高を12で割った1カ月当たり売上高を使います。したがって、手元流動性比率とは、会社の保有する現預金と短期保有の有価証券、つまり、支払いに充てられる資金が月商の何カ月分あるかを示します。

これは多いほどいいというわけではありません。手元流動性が多いということは支払い能力の面では安心できますが、余分な資金を持ち有効活用できていないことも意味します。逆に、少なすぎても困ります。いざというときの支払いに不安があるからです。同じ会社で過去からの数値の変化をみたり、同業他社と比べたりして適正な水準かどうかを判断する必要があります。

２　重視されるＲＯＥ

比率分析のなかで、分母を自己資本、分子を純利益として求めた値を％表示するのが自己資本利益率です。株主の立場からみた収益性の指標です。株主の持分である資本を元手として、会社がどれだけの利回りで利益を稼いだのかを示します。英語ではReturn On Equityと表現し、頭文字をとってＲＯＥ（アール・オー・イー）と通常、呼びます。

指標の性格から考えると、自己資本利益率は本来、株主資本利益率と呼ぶべきです。しかし、会社法や会計基準が株主資本の範囲を限定しているので誤解を避けるため、ここでは自己資本という言葉を使います。

$$\text{ROE（自己資本利益率）}=\frac{\text{純利益}}{\text{自己資本}}\times 100(\%)$$

今や上場会社の経営者の多くが、経営計画の目標の１つとしてＲＯＥの具体的な水準に言及するようになりました。ＲＯＥを高めるには分子の純利益を増やすか、分母である自己資本を減らす必要があります。

利益の額が同じであれば、自己資本が小さいほどROEは高くなります。株主からみれば、少ない資本でより高い利回りで利益を稼いでくれると助かります。しかし、自己資本が少ないほうが望ましいかといえばそうともいえません。自己資本は会社の財務基盤の基本で、これが薄いと会社の安全性が揺らぎます。債権者にとっては、借金が少なく自己資本が厚い企業のほうが安心して取引できるでしょう。社債投資家は利息や元金が約束通り支払われるかをみるので、やはり安全性を重視します。

自己資本と負債のバランスが大切なのです。負債に比べて自己資本が著しく手厚い場合は、負債を増やしたり、自社株を取得することで自己資本を減らしたりすれば、ROEを高められます。

3 ROE分析

ROEを求める数式を分解すると、さまざまなことがわかります。まず、ROEはROA（総資産利益率）と財務レバレッジ（自己資本比率の逆数）を乗じたものです。レバレッジとはテコの作用の意味です。

少ない資本を元手に借金を膨らませて大きな投資をし、結果として自己資本の収益率を上げる効果を、財務レバレッジ効果といいます。財務レバレッジ、つまり自己資本比率の逆数は、総資産が自己資本の何倍あるかを示した数値です。理屈のうえでは、これが大きいほどＲＯＥは高くなります。もちろん、もうひとつのＲＯＡを上げることも、ＲＯＥを高めるうえで重要です。

$$\mathrm{ROE} = \frac{純利益}{総資産} \times \frac{総資産}{自己資本} \times 100$$

$$\qquad\quad \cdots \mathrm{ROA} \qquad\quad \cdots 財務レバレッジ$$

ＲＯＡはさらに、総資産回転率と売上高純利益率に分解できます。ＲＯＥをこれで３つの指標に分解できたわけです。財務指標を分解するこの手法は、アメリカの化学会社であるデュポンが経営管理のために使い始めたので、デュポンシステムと呼ばれています。

$$\mathrm{ROE}=\frac{\text{純利益}}{\text{売上高}}\times\frac{\text{売上高}}{\text{総資産}}\times\frac{\text{総資産}}{\text{自己資本}}\times 100$$

売上高純利益率　総資産回転率　財務レバレッジ

4　損益分岐点分析

損益分岐点（Break Even Point）とは言葉通り、会社が利益を生むために必要な最小限の売上を示します。企業は製品を作り、それを販売して費用を回収し、利益を得ます。通常、売上が大きく落ちると赤字になることは経験則的によく知られています。企業を経営するうえでは、製品の売れ行きに関係なく発生する費用があるからです。売上が伸びると、この固定的な費用負担をこなして利益が増えます。このことを数式のモデルで示したのが損益分岐点分析です。

この分析では、費用を固定費と変動費との2つに分けるのがポイントです。固定費というのは、企業の操業度にかかわらず発生する費用のことです。人件費や減価償却費、金利負担がその典型で、さらに、修繕費や広告宣伝費、研究開発費も固定費的色彩が強いといえます。

これに対して変動費は、操業度の高低に比例して増減する費用のことです。原材料費や外注加工費、販売手数料などがこれにあたります。売上高が10増えると変動費が3増える場合、変動費率は0・3（3÷10）となります。

人件費のなかにも、繁忙時に派遣スタッフやアルバイトを雇うなど、変動費的な性格を持つ費用も一部あるでしょう。変動費のなかでも販売手数料などは、固定的な手数料部分

COFFEE BREAK

―損益分岐点は計算可能―

損益分岐点分析は企業の収益力を分析する基本的な手法で、アナリスト試験などにもよく出されます。この数式を暗記する必要はありません。考え方を理解すれば、損益分岐点売上高は一次関数の考え方から簡単に導けます。

まず、費用のうち固定費をKとします。変動費は売上高に比例して増えるので、変動費率をa、売上高をSとすると、S×aとなります。全体の費用は固定費と変動費の合計なので、K＋Sa。損益分岐点売上高は費用と売上が同じになるので、S＝K＋Saとなります。この式からSが求められます。下記の通りです。

$$S = K + S \times a$$

$$S = \frac{K}{1 - a}$$

S：売上高　K：固定費　a：変動費率

と売れ行きに比例して増える部分との両方から構成されることも多いでしょう。それでも、全体の費用を固定費と変動費との2種類に分ける分析手法は、実際の企業にもあてはまるという実証研究もあり、有用です。

$$損益分岐点売上高 = \frac{固定費}{1 - \frac{変動費}{売上高}}$$

損益分岐点分析で重要なのは損益分岐点比率です。まず、売上と費用が均衡する、つまり利益がゼロとなる売上高を、損益分岐点売上高と呼びます。それを実際の売上高で割って％表示したものが損益分岐点比率です。これが低いほど収益力が高く、少々売上高が落ちても赤字になることはありません。

逆に損益分岐点比率が１００％を超えていると、その企業は赤字ということです。固定費を削減するなり、変動費率を引き下げるなりの対策が必要になります。損益分岐点売上高は右のような算式になります。この求め方については１４５ページのコラムを参照してください。

5　ＥＢＩＴＤＡ

営業利益や経常利益、純利益などのかわりに、正式な会計基準には基づかずに算出する利益もあります。代表例のひとつが「イービットディーエー」あるいは「イービットダー」「イービッダー」と呼ぶＥＢＩＴＤＡです。英語のEarnings Before Interest, Taxes, Depreciation and Amortizationの頭文字をとった略語です。直訳すると「金利や税金を払ったり、償却したりする前の利益」という意味です。新聞紙上ではＥＢＩＴＤＡ（利払い・税引き・償却前利益）と表記する場合があります。

ＥＢＩＴＤＡの頭文字のうち、Ｅが「利益」、Ｂが「前」、Ｉが「金利」、Ｔが「税金」だとして、残りのＤとＡのどちらが「償却」なのかと思うかもしれません。実は、英語ではdepreciationとamortizationという2つの言葉は、日本語では同じ償却を意味します。英語ではdepreciationは有形資産の減価償却、amortizationは無形資産の償却と使い分けます。ＤとＡは日本語では同じ「償却」で間に合うのです。

ＥＢＩＴＤＡの算出方法としては実務上は、営業利益に減価償却費を足し戻す、というのが一番簡便かもしれません。正式な基準があるものではないので、利用するときには常に、その定義や算出方法を確認することが大切です。

ＥＢＩＴＤＡは、さまざまな国の会社の利益水準を比べるときに便利です。国によって金利水準が違ったり、税制が違ったりすると、本社を置く国が違うだけで利払いや税金の負担が違ってきます。かつては、会計基準が国際的に標準化されていなかったため、減価償却なども国や会計基準によって異なることも珍しくありませんでした。こうした会社の収益力とは本質的に関係ない要因によって利益が増減する影響を取り除きたいときにＥＢＩＴＤＡを使うわけです。

現金が社外流出するわけではない減価償却費を利益として足し戻すなど、ＥＢＩＴＤＡは会社が稼ぐキャッシュに注目した利益指標のひとつとも言えます。会社が稼ぎ出すキャッシュを重要視するＭ＆Ａの世界でも、企業価値がＥＢＩＴＤＡの何倍に相当するかという尺度で、買収額を評価することが多いようです。

かつてアメリカの上場会社で設備投資負担の大きなテクノロジー企業などが、決算発表の際にＥＢＩＴＤＡなどの利益額を自ら掲げて投資家向けに説明していました。赤字の通信会社などがＥＢＩＴＤＡでは黒字になり、会社側としても都合がいいという側面があったことは否定できません。

いくら減価償却費が現金支出を伴う費用ではないといっても、減価償却費が大きいということは設備投資負担が大きいことにほかなりません。ＥＢＩＴＤＡだけをみると、そうした事業の特性などを見落とすことになりかねません。ＥＢＩＴＤＡを分析に利用するときには、その意味や目的をよく理解する必要があります。

ＥＢＩＴＤＡのほかに、ＥＢＩＴなど通常の利益に修正を加えた利益は他にもいろいろあります。こうした利益のことを「プロ・フォーマ」（pro forma）ベースの利益と呼ぶことも多いです。

第6章

連結財務諸表の見方

- 連結決算は、親会社と子会社、関連会社をまとめて1つの会社とみなして財務諸表をつくります。
- グループ会社同士の取引は、連結決算ではなかったことにします。親会社が子会社に製品を売っても業績は変わりません。グループ外に販売して初めて売上高や利益を計上します。
- 持分法投資損益や非支配株主持分など単独とは違う項目をよく理解しましょう。連結包括利益計算書も連結に特有のものです。

1　連結決算のしくみ

会社は事業を拡大するにつれて、さまざまな子会社を設立し企業グループを形成します。製造業であれば傘下に生産を担当する子会社、販売を担う子会社を持ち、さらに事業別に子会社をつくるケースもあります。連結財務諸表は、親会社と子会社をあたかも1つの会社のように集計して作成します。なぜ連結財務諸表が必要なのでしょうか。

親会社だけの単独財務諸表には限界があります。親会社が子会社へ製品を無理に売りつければ、親会社の利益を増やして株主へ配当できます。しかし、子会社が親会社から押しつけられた製品を外部に売らなければ、グループ全体では利益は生まれないはずです。企業グループ全体の経営成績や財政状態をみるために、連結財務諸表を作成するのです。

日本の連結決算制度は1978年3月期からスタートしました。もっとも、決算の中心は個別（単独）で、連結は補足的な位置づけでした。しかしその後、企業活動の国際化が大きく進み、また、日本の証券市場で海外投資家の存在感が増すなど、会社を取り巻く環境が変わりました。経営者や投資家もグループ経営を全体でとらえることを重視し始め、連結情報の拡充を求めるようになったのです。

そこで、企業会計審議会は1997年6月に「連結財務諸表制度の見直しに関する意見書」を公表し、証券取引法（現金融商品取引法）では決算の主体を連結にするとともに、連結ベースの情報開示の充実を打ち出しました。そして、2000年3月期から連結が主になりました。

(1) 連結の範囲

連結財務諸表は、親会社、子会社、関連会社で構成します。では、これらグループ会社のうち、どこまで連結対象にすべきなのでしょうか。どの会社をどのように連結すべきかルールがちゃんとあります。

子会社は「支配力基準」で決めます。支配力基準は「意思決定機関を支配しているかどうか」を基準に連結の範囲を決定します。親会社がある会社の議決権の過半数を所有していれば当然、その会社は子会社であり連結対象になります。また、たとえ過半数を持っていなくとも、経営や財務を実質的に支配していれば子会社と見なします。40～50％の議決権を持っているうえ、役員を派遣するなどして経営を支配している会社があれば、それは子会社として連結します。連結子会社は、損益計算書や貸借対照表をすべて連結します。

関連会社は、影響力を基準に範囲を決めます。議決権の20％以上を所有している会社には重要な影響を与えると見なします。また、15％以上20％未満でも財務や営業に重要な影響をおよぼす場合は関連会社に該当します。関連会社は「持分法」で連結します。これは、関連会社の利益のうち、親会社の出資（持分）比率分だけを連結財務諸表に反映する方法です。小規模子会社でフル連結しなかった「非連結子会社」にも持分法を適用します。

(2) 連結決算日

親会社と子会社の決算日が違う場合があります。日本では3月期決算が主流ですが、海外子会社は現地の慣行に合わせて12月期決算という例がかなりあります。親会社と子会社の決算日のズレが3カ月以内なら、そのまま連結することが認められています。親会社の4月～3月までの1年間と、子会社の1月～12月までの1年間を合算してよい、というのです。

このルールには問題があります。四半期決算では、親会社の4～6月期と子会社の1～3月期が合算されるからです。ハイテク産業のように収益環境が急変する業界では、1～3月期が好調でも、次の4～6月期は不振になっているケースもあります。3カ月遅れで子会社損益を連結している会社の業績をみる場合には、直近の動向が変わっていないか注意する必要があります。

2　連結貸借対照表

意外に思われるかもしれませんが、連結の会計帳簿は存在しません。親会社、子会社の個別（単独）財務諸表を合算し、重複する部分を相殺・消去して連結財務諸表をつくります。この際に、連結精算表というワークシートを作成します。

連結財務諸表は、単独財務諸表を合算して作るため、まず単独決算をしなければ作成できません。会計ルールに従って単独財務諸表を作成し、そのうえで連結財務諸表をつくるのです。金融商品取引法では決算は連結が主体ですが、単独決算の重要性は変わりません。グループの最大の会社は、通常は親会社です。連結財務諸表を理解する最大の手掛かりは、親会社の単独決算にあるといっても過言ではありません。また、会社法では決算は引き続き単独主体であり、配当の限度額も単独ベースです。会社にとって単独決算は依然として重要なのです。

別々の会社を1つの会社と見なすことは簡単ではありません。連結決算にはわかりづらい処理がたくさん出てきます。その本質は、1つの会社と見なすための「つじつま合わせ」と考えると理解しやすくなります。なお、つじつま合わせ、というのはここでは「矛盾しないように整合性を持たせる」という意味です。粉飾やごまかしではありません。

(1) 資本連結

連結貸借対照表から説明します。まず、100%出資の子会社を設立する事例を考えます。親会社と子会社の貸借対照表を合算すると、重複する部分が出てきます。それは、親会社の出資と子会社の資本（純資産）です。親会社は、子会社への出資を子会社株式として固定資産に計上します。一方、子会社の資本は全額が親会社の出資です。連結貸借対照表を作成する際は、両者を相殺する必要があります。これを、投資と資本の相殺消去といいます。投資と資本の相殺消去の手続きを、資本連結と呼びます。貸借対照表の資本の部は、純資産の部に名称が変わりましたが、会計理論上、資本という言葉は残っています。ですから、資本連結、投資と資本の相殺消去という言い方は従来と変わりません。

図表６－１　新日鉄住金（現在の日本製鉄）の連結貸借対照表

（2016年３月期、単位：百万円、一部抜粋）

資産の部		負債の部	
		負債合計	3,415,968
		純資産の部	
のれん	41,756	その他の包括利益累計額	
		為替換算調整勘定	14,652
		非支配株主持分	235,252
資産合計	6,425,043	純資産合計	3,009,075

［網掛け］が連結に特有の項目。のれんは単独貸借対照表でも生じる場合がある。

(2) 非支配株主持分

出資比率が70％の子会社を設立したらどうなるでしょうか。子会社の資本が１００億円、親会社が保有する子会社株式は70億円、親会社以外の株主が保有する株式が30億円とします。連結する際、親会社の出資70億円は、子会社の資本70億円と相殺しますが、子会社の資本30億円が残ります。この30億円は親会社以外の株主の持分です。子会社を支配しているのは親会社なので、親会社以外の株主のことを非支配株主と呼びます。そこで、この30億円のことを「非支配株主持分」といい、連結貸借対照表では純資産の部に独立して計上します（図表６－１）。

非支配株主持分は、連結の株主資本には含みません。連結財務諸表は親会社の立場から作成するので、親会社以外の出資は株主資本とは考えないからです。また返済義務もないので、負債にも該当しません。そこで純資産の部に独立項目として計上します。

(3) のれん

会社を買収すると、対象企業は親会社の連結の傘に入ります。親会社は、連結対象にする子会社の資産・負債を時価評価しなければなりません。買収するのですから、資産・負債の価値を時価に引き直すのは当然です。その評価方法には、①全面時価評価法と②部分時価評価法の2つがあります。

全面時価評価法は、子会社の資産・負債について、持分比率に関係なく時価評価します。これに対して、部分時価評価法は、親会社の持分比率に相当する部分だけを時価評価します。ここで取り上げるフル連結では①全面時価評価法を使います。後述する持分法では、非連結子会社には①全面時価評価法、関連会社には②部分時価評価法を使います。

資産・負債の時価評価では、土地を時価評価するケースが目立ちます。子会社の土地に10億円の含み益があれば、土地を10億円評価増します。少し難しいですが、ここで税効果会計が出てきます。将来の売却時に発生する税金を繰延税金負債として計上します。税率を40％とすると、4億円を繰延税金負債とし、6億円を評価差額として資本に加えます。こうして時価に修正した資本を時価ベースの純資産と呼びます。

時価ベースの純資産を基礎に資本連結します。ここで重要なことは、買収相手の単独貸借対照表では土地の簿価は変わらないことです。あくまで親会社の連結貸借対照表でのみ土地が評価増されるのです。

次に親会社の投資額が登場します。現金買収なら、その金額が投資額です。株式交換で買収する場合は、新たに発行する株式数×親会社の株価が理論上の投資額（買収価格）になります。時価純資産は「資産の時価」、投資額は「事業の時価」と考えるといいでしょう。「事業の時価」には、貸借対照表に計上できない営業権、技術力、人材なども当然ながら反映されます。

親会社の投資額と子会社の時価純資産の金額が一致しない場合は、その差額を「のれん」または「負ののれん」とします。投資額が時価純資産を上回るときは、連結貸借対照表の資産側に「のれん」を計上します。投資額が時価純資産を下回るときは、資産・負債の評価が適切か見直し、それでも下回る場合は、連結損益計算書の特別利益に「負ののれん発生益」

を計上します。

のれんは企業の超過収益力を意味します。時価純資産よりも高い値段で買ったのは、潜在的な力量を評価したからと考えるわけです。負ののれんは時価純資産に比べ割安に買ったことを示しています。のれんを「のれん代」と呼ぶこともあります。

のれんは見方を変えると、連結貸借対照表のつじつま合わせです。時価純資産が30億円の企業を40億円で買収したとします。この企業を子会社として連結すると、差額の10億円が宙に浮きます。それを資産側で、のれんとするわけです。のれんは20年以内に償却します。損益計算書では、資産計上したのれんの償却額は販売費及び一般管理費に計上します。ただし、買収企業の業績不振が続くと、のれんを減額（減損処理）し特別損失に計上します。

買収の場合でも、親会社の出資比率が１００％でなく、たとえば70％なら、子会社の時価純資産の30％を非支配株主持分として計上します。

資本連結で勘違いしやすいことは、資本連結すると、買収時点で子会社が蓄積していた利益剰余金は、連結貸借対照表では消えてしまうことです。子会社の利益剰余金は資本（純資産）に含まれますから、親会社の投資と相殺されます。親会社の利益と子会社が連結対象になった後に稼いだ利益（持分比率相当分）の合計が、連結貸借対照表の利益剰余金になります。連結の資本金は親会社の資本金と同じです。また、連結では、資本剰余金、利益剰余金の内訳は記載しないルールになっています。

(4) 債権と債務の相殺消去

連結貸借対照表では、連結会社相互間の債権と債務を相殺消去します。複数の会社を1つの会社と見なすわけですから、連結会社間の内部取引で発生した債権と債務をそのまま合算すると、資産と負債が水増しされます。具体的には、連結会社間の売掛金と買掛金、貸付金と借入金、受取手形と支払手形などを相殺消去します。投資と資本の相殺消去に比べれば、わかりやすいと思います。

グループ内で発行した手形を銀行で割り引いた場合は、手形による資金の借り入れと考えます。連結貸借対照表では、割引手形を短期借入金に、損益計算書では手形売却損を支払利息に振り替えます。

(5) 為替換算調整勘定

海外にある子会社を連結する際に、外国通貨の財務諸表を円換算する必要があります。海外子会社の資産と負債は決算日レートで換算します。これに対して資本（純資産）は、異なるレートで換算します。親会社からの出資は出資を受けたときのレート、利益剰余金は利益計上時のレートになります。換算によって発生した差額は、為替換算調整勘定として連結貸借対照表の純資産の部に計上します。海外子会社の資本だけを異なるレートで換算するため、為替換算調整勘定が発生するのです。連結貸借対照表のつじつま合わせと理解してください。

円はドルに対して、過去に比べれば円高になっています。商社や輸出企業では、1ドル＝360円といった円安の時代に出資した海外子会社があり、その後の円高で為替換算調整勘定がマイナスになっているケースが多くあります。為替換算調整勘定のマイナスは、円高によって過去の出資や留保利益が目減りした金額を表します。円高が進めば、為替換算調整勘定のマイナスが膨らみ、連結純資産を減らす要因になります。もちろん、円安になれば縮小します。

一方、海外子会社の収益（売上高など）と費用は、原則として期中平均レートで換算します。ただ、決算日レートで換算してもかまいません。

3　連結損益計算書

(1) 内部取引の相殺消去

連結損益計算書も、親会社と子会社の単独損益計算書を合算し、グループ内の取引で発生した項目を相殺消去して作成します（図表６-２）。

まず、連結会社間の内部取引を相殺消去します。連結会社間の相互取引には、商品、製品の売買取引のほか、利息、手数料、配当金などがあります。たとえば、親会社が子会社へ商品を販売して売上高を計上し、子会社が親会社から商品を仕入れている場合は、これらの取引を相殺消去します。

子会社が親会社へ配当金を支払っている場合は、親会社の損益計算書の営業外収益に受取配当金が計上されているので、これも相殺消去します。支払配当金と受取配当金の相殺消去は理解しにくいかもしれません。受取配当金がなくなったら、利益が減ります。それはどうなるかという疑問がわきます。この点はこう考えてください。子会社は稼いだ利益から配当金を支払います。連結純利益には子会社の利益も含まれていますから、親会社の受取配当金

図表6－2　マツダの連結損益計算書及び連結包括利益計算書

（2016年3月期、単位：百万円、▲はマイナス、一部省略）

連結損益計算書	
売上高	3,406,603
売上原価	2,567,465
売上総利益	839,138
販売費及び一般管理費	612,363
営業利益	226,775
営業外収益	31,944
受取利息	3,725
受取配当金	622
持分法による投資利益	21,988
営業外費用	35,156
支払利息	12,859
為替差損	16,026
経常利益	223,563
特別利益	660
特別損失	57,237
税金等調整前当期純利益	166,986
法人税、住民税及び事業税	50,687
法人税等調整額	▲21,004
当期純利益	137,303
非支配株主に帰属する当期純利益	2,884
親会社株主に帰属する当期純利益	134,419

連結包括利益計算書	
当期純利益	137,303
その他の包括利益	
その他有価証券評価差額金	47
繰延ヘッジ損益	▲1,115
土地再評価差額金	3,399
為替換算調整勘定	▲10,351
退職給付に係る調整額	▲21,838
持分法適用会社に対する持分相当額	▲7,346
その他の包括利益合計	▲37,204
包括利益	100,099
（内訳）	
親会社株主に係る包括利益	98,974
非支配株主に係る包括利益	1,125

（網掛け）が連結特有の項目

を消去しないと、利益を二重に計上することになるのです。

なお、子会社が非支配株主へ支払った配当金は、非支配株主持分の減少として処理します。

(2) 未実現利益の消去

親会社と子会社、子会社と子会社など、連結会社間の相互取引によって取得した棚卸資産、固定資産、有価証券などに含まれる未実現利益は、消去しなければなりません。

商品や固定資産の売買は、連結会社間であっても利益を加えて行います。この利益は、その資産をグループ外へ売らない限り、連結上では未実現利益になっています。連結損益計算書は企業グループの経営成績を表しますから、未実現利益は消去しないと、つじつまが合わないのです。

たとえば、親会社が簿価10億円の建物を子会社へ50億円で売却して、40億円の利益を計上したとします。連結財務諸表ではこの取引を消去するため、40億円の利益を取り消して、建物の簿価も10億円に戻します。注意が必要なのは、建物の減価償却費も修正する点です。子会社の単独財務諸表では、建物の取得原価が50億円になるので、この取得原価をもとに減価償却費を計上しています。しかし、連結では売却前の取得原価10億円をもとに減価償却しなければなりません。

(3) 純利益

図表6－2の連結損益計算書のうち最下段の3つの項目をみてください。「当期純利益」「非支配株主に帰属する当期純利益」「親会社株主に帰属する当期純利益」と、3種類の純利益が並んでいます。2016年3月期から連結損益計算書の表示方法が新しく変わった部分のひとつです。この3つの純利益がそれぞれ何を意味するのか説明します。

順番が前後しますが、まず「非支配株主に帰属する当期純利益」から説明しましょう。連結貸借対照表で非支配株主持分を説明したのを覚えているでしょうか。連結損益計算書でも、同じように子会社の非支配株主に帰属する利益を区別して表示します。そのための項目を非支配株主に帰属する当期純利益といいます。

出資比率70％の子会社が10億円の当期純利益をあげた場合、このうち3億円は非支配株主の利益ですから、この3億円は非支配株主に帰属する当期純利益に計上します。このケースでは逆に、7億円は親会社株主の利益ですから、連結損益計算書の最後の項目である親会社株主に帰属する当期純利益に含みます。

非支配株主に帰属する利益は、連結損益計算書に計上すると同時に、連結貸借対照表の非支配株主持分を同額増やします。逆に、これが損失なら、非支配株主持分を減額します。連結貸借対照表では、親会社の持分が純資産の部の利益剰余金になり、非支配株主の持分は非支配株主持分になるわけです。非支配株主に帰属する損益と連結貸借対照表の関係を理解することが大切です。

では、再び純利益に戻ります。連結損益計算書の下から3段目に出てきた「当期純利益」は、親会社株主と非支配株主のそれぞれの持分を区別せずに集計した純利益です。その内訳を示すのが「親会社株主に帰属する当期純利益」と「非支配株主に帰属する当期純利益」です。親会社株主と非支配株主に帰属する当期純利益を合算すると当期純利益になるのです。

つまり、連結決算では、売上高や営業利益、経常利益、純利益の段階では、親会社株主の持分か非支配株主の持分かを区別せずに、子会社の売上高や各種利益を取り込みます。その結果、出てくるのが「当期純利益」です。そこから、非支配株主に帰属する当期純利益を引くと、親会社株主に帰属する当期純利益になります。

ここで注意点があります。ビジネスの現場や新聞などメディアの報道などでは日常的に、何も断りなく「純利益」という言葉をよく使います。この言葉が指しているのは、厳密な会計用語としての「当期純利益」ではありません。この場合は「親会社株主に帰属する当期純利益」を指します。

混乱するかもしれませんが、実は２０１６年3月期から連結損益計算書の表示が変わるまでは、親会社株主に帰属する当期純利益のことを、単に当期純利益と表示していたのです。なぜ、このような変更が行われたのか関心のあるかたは、１８０ページのコラムを読んでみてください。

4　持分法

連結損益計算書に登場する独自の項目の1つに「持分法による投資損益」があります。営業外損益に計上します。利益と損失を合計して、利益なら「持分法による投資利益」、損失なら「持分法による投資損失」になります。これまでは親会社と子会社を連結した財務諸表を前提に説明してきましたが、企業グループには、子会社とは別に関連会社が存在します。子会社は連結財務諸表では親会社と一体として扱いますが、関連会社と非連結子会社には原則として持分法を適用します。

持分法とは、対象会社の業績を持分比率に応じて連結財務諸表に反映する会計処理です。フル連結と持分法は、自己資本と純利益に限れば、どちらを適用しても同じ結果になります。持分法会計基準は、持分法について、「投資会社が被投資会社の資本及び損益のうち投資会社に帰属する部分の変動に応じて、その投資の額を連結決算日ごとに修正する方法」と定義しています。ポイントは、持分法による投資損益を連結損益計算書に計上すると、連結貸借対照表の投資有価証券の金額が変化することです。

30％を出資する関連会社A社が10億円の当期純利益をあげれば、持分法による投資利益は3億円です。同時にA社株式の金額を3億円増やします。投資損失の場合は、A社株式を減額します。関連会社株式は連結貸借対照表では投資有価証券として表示するので、投資有価証券の金額が変わります。

では、持分法適用会社が配当した場合、連結財務諸表にどう反映するのでしょうか。親会社（正しくは投資会社）の単独損益計算書では受取配当金が発生します。しかし、連結では持分法適用会社の利益を持分比率に応じて取り込んでいます。配当金は利益を財源としていますから、受取配当金を計上すると利益の二重計上になります。

そこで、持分法適用会社が配当すると、連結では、受取配当金を消去するとともに、投資有価証券の金額を同額減額します。親会社は投資の払い戻しを受けたと考えるのです。こう処理するとつじつまが合うのです。

次に、新たに関連会社に持分法を適用するケースを取り上げます。連結子会社と同様に、関連会社の資産・負債を時価評価する必要があります。投資額と関連会社の時価純資産の差額は「のれん」として20年以内で償却します。

B社の発行済み株式30％を44億円で取得したとします。B社の簿価純資産は50億円で、保有土地は簿価10億円、時価60億円でした。税率を40％とすると、B社の時価純資産は「50＋(60－10)×（1－0.4）＝80」、つまり80億円になります。連結子会社の資本連結と同様に、ここでも税効果会計を適用します。

B社の時価純資産に対する持分は24（80×0.3）億円になります。24億円の持分を44億円で買ったのですから、のれんは20億円です。20年償却なら、年間1億円ずつ償却し、B社株式を同額減額します。この償却額は、持分法による投資損益に含めて表示します。

また、親会社と持分法適用会社との間の未実現利益の消去も、連結と同様に行います。ただし、関連会社の場合、消去するのは原則として持分比率に見合う額です。

親会社が関連会社へ資産を売却して利益を計上するケースを例にしましょう。親会社が

30%を出資するC社へ土地を売却したとします。土地の簿価は2億円、売却額が12億円とすると、売却益は10億円です。連結決算では3億円を消去して、売却益は7億円になります。

5　連結包括利益計算書

金融商品取引法による財務諸表には、貸借対照表、損益計算書、キャッシュフロー計算書、株主資本等変動計算書、附属明細表の5つがあると第1章で書きました。連結では財務諸表は6つになります。連結だけで開示するのは「連結包括利益計算書」です。２０１１年3月期末から開示されています。

図表6-2の連結損益計算書の下に表示されているのが連結包括利益計算書です。一言でいうと、包括利益は、資本取引を除く純資産の変動額を意味します。資本取引は、増資、配当といった会社と株主との間で行う直接的な取引の総称です。

企業の儲けを計算する方法は2つあります。通常は、収益から費用を差し引いて利益を計算します。もう1つのやり方は、期首と期末の純資産の差額を計算する方法です。決算期間で稼いだ利益は、純資産の利益剰余金に入ります。決算期間の純資産の変動額から資本取引を除けば、利益を計算できます。

2つの計算方法は結果が一致するはずです。ところが、現実には一致しません。それは、その他有価証券評価差額金、為替換算調整勘定といった損益計算書を経由しない未実現の評価損益が純資産に入っているからです。そこで、こうした評価損益の変動を含む利益として考案されたのが包括利益です。

包括利益会計基準では①財務諸表利用者が企業全体の事業活動について検討するのに役立つ②貸借対照表との連携（純資産と包括利益とのクリーン・サープラス関係）を明示することを通じて、財務諸表の理解可能性と比較可能性を高める③国際的な会計基準とのコンバージェンス（共通化）にも資する――ことを目的としています。クリーン・サープラスとは、資本取引を除く純資産の変動が利益と一致する〝きれいな〟関係をいいます。

導入の目的は3つありますが、最大の目的は③です。国際的な会計基準が導入しているので、日本も導入したというわけです。包括利益が投資家にとって有用か否かは、世界的にも議論があります。このため、連結だけに導入し、単独については様子を見よう、というスタンスをとっているのです。

包括利益の見方をもう少し詳しく説明しましょう。包括利益は「当期純利益＋その他の包

図表６－３　連結包括利益計算書のしくみ

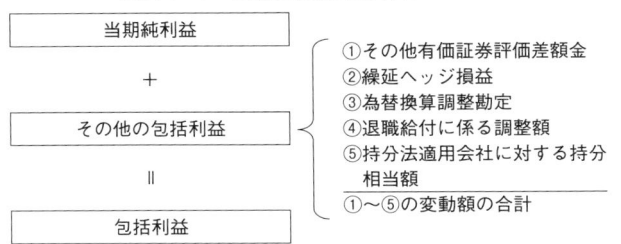

当期純利益

＋

その他の包括利益

①その他有価証券評価差額金
②繰延ヘッジ損益
③為替換算調整勘定
④退職給付に係る調整額
⑤持分法適用会社に対する持分相当額
①～⑤の変動額の合計

＝

包括利益

（内訳）
親会社株主に係る包括利益
非支配株主に係る包括利益

括利益」で計算します（図表６-３）。

その他の包括利益は、①その他有価証券評価差額金②繰延ヘッジ損益③為替換算調整勘定④退職給付に係る調整額⑤持分法適用会社に対する持分相当額――の変動額の合計です。④については第８章で説明します（192ページ）。⑤は持分法適用会社で発生する①～④の変動額に持分比率をかけた合計になります。

ここで注意すべきは、包括利益は非支配株主の持分を含めて計算することです。言い方を換えると、包括利益における資本取引の対象には、親会社株主だけでなく、非支配株主も入ります。非支配株主の持分を含めて包括利益を計算し、その後で、親会社株主の包括利益、非支配株主の包括利益を内訳として開示します。また、潜在株主である新株予約権の所有者との取引も資本取引になります。包括利益では株主の概念をより広義に考えているのです。

「連結の株主は親会社の株主だけ」という原則と違うので、違和感を覚えると思います。国際的な会計基準と表示をそろえた結果、従来の考え方と整合性がとれなくなっています。連結決算の純利益などの表示も２０１６年3月期から変更しており、包括利益はそれを先取りした形になっていたのです。

連結包括利益計算書には２つの方式があります。

▽**2計算書方式**＝当期純利益を表示する損益計算書と、包括利益を表示する包括利益計算書を分ける方式です。図表6-2はこの方式で、大半の企業がこちらを使っています。

▽**1計算書方式**＝当期純利益の表示と、包括利益の表示を1つの計算書で行う形式です。この場合、損益計算書と包括利益計算書は「損益及び包括利益計算書」という名称になります。

包括利益の導入に伴って、連結貸借対照表の表示が変わった点も重要です。単独での評価・換算差額等は、連結では「その他の包括利益累計額」という名称になりました。

6　連結株主資本等変動計算書

単独の株主資本等変動計算書は、第2章「貸借対照表の解説」ですでに取り上げています。連結決算では、連結株主資本等変動計算書を別に作成します。内容や様式は単独と基本的に同じですが、①資本剰余金と利益剰余金を、準備金とその他剰余金に区分しない②評価・換算差額等は名称が「その他の包括利益累計額」となり為替換算調整勘定が入る③非支配株主持分が独立項目として新株予約権の次に表示される――の３点が異なります。２０１４年３月期からは②に退職給付に係る調整累計額が入っています。

7　セグメント情報

企業グループがひとつの事業だけを営んでいれば連結財務諸表はわかりやすいのですが、多角化が進みいくつも事業を手がける場合は、性格の違う事業が合算され理解しにくくなる問題があります。また、日本だけでなく、海外で事業展開を拡大する企業も増えています。

図表6－4　ユニ・チャームのセグメント情報

（2012年３月期連結、単位：百万円、▲はマイナス）

【セグメント情報】

	報告セグメント				セグメント間取引消去又は全社	連結財務諸表計上額
	パーソナルケア	ペットケア	その他	計		
売上高						
外部顧客への売上高	362,885	59,557	5,948	428,391	—	428,391
セグメント間の内部売上高又は振替高	—	—	20	20	▲20	—
計	362,885	59,557	5,969	428,411	▲20	428,391
セグメント利益（営業利益）	48,214	3,173	487	51,875	25	51,900
セグメント資産	332,205	96,878	25,146	454,229	18,267	472,497
その他の項目						
減価償却費	11,920	1,212	124	13,257	—	13,257
のれん償却額	833	3,065	—	3,899	—	3,899
有形固定資産及び無形固定資産の増加額	42,588	26,785	125	69,498	—	69,498

【関連情報】

地域ごとの情報

(1)　売上高

日本	中国	その他	合計
229,083	56,345	142,962	428,391

(2)　有形固定資産

日本	中国	その他	合計
40,765	25,337	50,717	116,821

【報告セグメントごとののれんの償却額及び未償却残高に関する情報】

	報告セグメント				セグメント間取引消去又は全社	連結財務諸表計上額
	パーソナルケア	ペットケア	その他	計		
当期償却額	833	3,065	—	3,899	—	3,899
当期末残高	24,274	54,631	—	78,905	—	78,905

そこで、事業や地域ごとに情報を開示するセグメント情報が、一段と重要になっています。開示される主な内容は、報告セグメントと関連情報です（図表６−４）。

(1) セグメント情報の開示

セグメント情報の開示では「マネジメント・アプローチ」という手法を採用しています。マネジメント・アプローチは、経営者が経営上の意思決定をし、会社の業績を評価するために使う構成単位の情報を開示する手法です。簡単にいえば、社内管理に用いる区分で開示するやり方です。２０１１年3月期から適用されています。

セグメントの単位は事業（製品・サービス）とは限りません。事業、地域、あるいは事業と地域を組み合わせる例もあります。売上高（内部売上高又は振替高を含む）、セグメント利益（又は損失）、資産のいずれかが全体の10％以上である場合、「報告セグメント」として開示対象になります。

決定した報告セグメントについて、利益、資産、外部顧客への売上高、事業セグメント間の内部売上高又は振替高、減価償却費、のれんの償却額、有形固定資産及び無形固定資産の増加額（当年度の投資額）などを開示します。セグメント利益は、営業利益が多いですが、経常利益、当期純利益などを使うこともできます。連結決算を作成していない場合は、単独決算でセグメント情報を開示します。

(2) 関連情報の開示

関連情報には、①製品及びサービスに関する情報②地域に関する情報③主要な顧客に関する情報——の3つがあります。①は製品やサービスごとの外部顧客への売上高ですが、セグメント情報の中で開示されていれば省略できます。

②は外部顧客への売上高、有形固定資産について、国内と海外を分けて開示します。売上高、有形固定資産が全体の10％を超える国は、主要な国として区分開示します。企業のグローバル化の度合いを示す海外売上高比率は、この数字を使います。③は特定の顧客への売上高が全体の10％を超える場合に開示します。たとえば、デンソーは2012年3月期にトヨタ自動車への売上高が9468億円（全体の30％）であることを開示しています。

セグメント情報、関連情報に加え、固定資産の減損損失、のれんの償却額を損益計算書に計上している場合は、その内訳をセグメント別に開示します。

(3) 現行ルールの長所と短所

現在のマネジメント・アプローチに基づくセグメント情報の開示は、市場関係者の間で評価が分かれます。長所としては、①財務諸表利用者が経営者の視点で企業をみることにより、経営者の行動を予測し、その予測を企業の将来キャッシュフローの評価に反映することが可能になる②実際の企業の社内管理に基づく区分を行うため、その区分に際して恣意性が入りにくい――ことがあげられます。

一方、短所としては、社内管理に基づく情報であるため、別の会社と比べるのが難しいことがあげられます。

また、従来は「事業の種類別セグメント情報」、「所在地別セグメント情報」、「海外売上高」の3つを開示していました。このうち国や地域別の連結会社の売上高や営業損益を開示する所在地別セグメント情報は、注目度の高い情報でしたが、新ルールの導入に伴って任意開示になっています。

COFFEE BREAK

―「親会社説」と「経済的単一体説」―

連結財務諸表を誰のために作成するかという観点で、２つの考え方があります。１つは親会社の株主のためと考える「親会社説」で、日本の会計基準は原則としてこの立場をとっています。一方、親会社も子会社もまとめて１つのまとまりととらえ、親会社の株主だけでなく、子会社に出資している非支配株主(以前は少数株主と呼んでいました)も含め、すべての株主のために作成するとするのが「経済的単一体説」です。こちらは欧米で主流の考え方です。

親会社説をとっている日本では例えば、連結損益計算書で純利益といえば以前は、少数株主（現・非支配株主）の持分を除いたものでした。ところが、非支配株主も親会社の株主と同等にとらえる欧米の流れに配慮し、2016年３月期から連結損益計算書の表示を一部変更しました。新しい表示ではまず、非支配株主の持分も含めた「当期純利益」を出し、次にその内訳として「非支配株主に帰属する当期純利益」と「親会社株主に帰属する当期純利益」を表示しています。

最後に出てくる「親会社に帰属する当期純利益」が実は、従来の連結損益計算書で「当期純利益」と呼んでいたものと同じ利益です。これまでの経緯を踏まえ、新聞報道などで単に純利益と言う場合には、この親会社に帰属する当期純利益を指します。なんだか、ややこしいですね。

第7章

連結キャッシュフロー計算書の見方

- キャッシュフロー計算書の作成が義務付けられたのは２０００年3月期からです。
- 現金の流出入を示すキャッシュフローは、会計処理方法を変えても影響されない利点があります。
- 損益計算書、貸借対照表とともに、資金の流れを分析すると、収益力や財務を別の角度からみられます。

1　導入の狙い

連結損益計算書、連結貸借対照表に次ぐ財務諸表として、連結キャッシュフロー計算書があります。2000年3月期から導入されました。

連結キャッシュフロー計算書は、会社グループのキャッシュフロー（現金収支）の状況を報告するのが役割です。会社の経営成績は損益計算書、財政状態は貸借対照表が示しますが、資金繰りの状況はわかりません。損益計算書は発生主義でつくり、売上高を計上しても必ずしも現金が入ってくるわけではありません。また、費用を計上しても必ずしも同時に現金を支払うわけではありません。損益計算書が黒字でも、売掛金などの回収が遅れれば、会社が倒産する可能性もあります。資金の流れを把握することが、会社の評価には重要です。キャッシュフロー計算書は、損益計算書や貸借対照表だけではわからない会社の財務状況をみる狙いから導入されました。

キャッシュフロー計算書をみることで、期首の「現金及び現金同等物」が期末までにどう変化したか、その増減要因がわかります。現金には、当座預金、普通預金などを含みます。

現金同等物とは、期間が３カ月以内の定期預金、譲渡性預金、コマーシャル・ペーパー（CP）などを指します。この、３カ月以内という期限が重要です。たとえば、期間が半年の定期預金は現金同等物ではなく、投資活動と判断します。

資金の流出入は、「営業活動によるキャッシュフロー」「投資活動によるキャッシュフロー」「財務活動によるキャッシュフロー」の３つに区分します。

2　営業キャッシュフロー

営業キャッシュフローは、企業が営業能力を維持し、新規投資を行い、借入金を返済し、配当金を支払うために、どの程度の資金を営業活動から獲得したかを示します。主要な取引ごとに収入総額と支出総額を計算する「直接法」と、税金等調整前当期純利益に必要な調整項目を加減して計算する「間接法」の２つの作成方法があります。直接法は作成に手間がかかるため、採用している会社はごく少数です。ここでは間接法を説明します。

営業キャッシュフローは、①営業損益計算の対象となった取引に係るキャッシュフロー②営業活動に係る債権・債務から生じるキャッシュフロー③投資活動及び財務活動以外の取引によるキャッシュフロー――に区分します。

最初に、税金等調整前当期純利益からスタートします（図表7-1）。ここに3つの調整を加えて、利益をキャッシュの動きに変換します。

まず、営業活動を示すように税金等調整前当期純利益を営業利益に戻します。そのために営業外損益、特別損益を調整します。営業外収益、特別利益をマイナスし、営業外費用、特別損失をプラスします。ただし、一部の例外があり、結果は必ずしも営業利益と同額にはなりません。

次に「非資金項目」の調整をします。営業利益の中には、減価償却費、のれん償却額といった資金流出を伴わない費用があります。これを足し戻します。さらに営業活動に関係する資産・負債の増減を調整します。これらの調整により営業利益を営業キャッシュフローへ変換します。

営業資産・営業負債の増減の調整がわかりにくい点です。売上債権、棚卸資産、仕入債務などが対象で、売上債権と棚卸資産の増加はマイナス、減少はプラスします。仕入債務はこの逆になります。図表7-2で売上債権を例にとっています。売上高100、期首の売上債権20、期末の売上債権40、回収80とします。売上高100はすでに税金等調整前当期純利益

図表7－1　キッコーマンの連結キャッシュフロー計算書

（単位：百万円、▲はマイナス、一部省略・修正）

	2015年3月期	2016年3月期
営業活動によるキャッシュフロー		
税金等調整前当期純利益	23,823	30,253
減価償却費	12,901	11,936
固定資産減損損失	3,269	553
退職給付に係る負債の増減額（▲は減少）	1,456	215
受取利息及び受取配当金	▲898	▲880
支払利息	1,137	1,067
持分法による投資損益（▲は益）	▲1,075	▲984
投資有価証券売却損益（▲は益）	▲3,275	▲1
売上債権の増減額（▲は増加）	▲109	▲3,183
棚卸資産の増減額（▲は増加）	▲3,201	▲933
仕入債務の増減額（▲は減少）	538	590
……	……	……
小計	41,864	45,455
利息及び配当金の受取額	1,443	1,376
利息の支払額	▲947	▲1,022
法人税等の支払額	▲10,700	▲8,147
営業活動によるキャッシュフロー	31,658	37,661
投資活動によるキャッシュフロー		
有形固定資産の取得による支出	▲11,379	▲13,011
有形固定資産の売却による収入	277	89
投資有価証券の取得による支出	▲881	▲744
投資有価証券の売却による収入	6,527	2
……	……	……
投資活動によるキャッシュフロー	▲5,041	▲15,855
財務活動によるキャッシュフロー		
短期借入金の純増減額（▲は減少）	▲4,975	▲558
長期借入金の返済による支出	▲2,600	▲2,000
自己株式の取得による支出	▲10,134	▲10,262
配当金の支払額	▲4,008	▲4,697
……	……	……
財務活動によるキャッシュフロー	▲21,566	▲17,801
現金及び現金同等物に係る換算差額	1,927	▲1,080
現金及び現金同等物の増減額（▲は減少）	6,978	2,923
現金及び現金同等物の期首残高	25,420	32,398
……	……	……
現金及び現金同等物の期末残高	32,398	35,150

図表7－2　「売上債権の増減額」は何を示すか

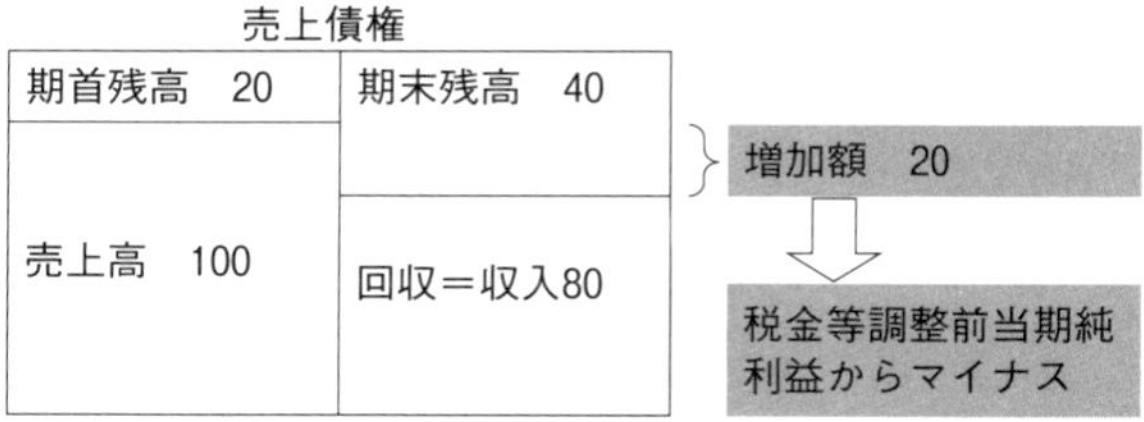

に含んでいます。売上高を回収額の80に変換するには、売上債権の増加額20（40－20）を税金等調整前当期純利益からマイナスすればよいわけです。回収額の80が資金流入額を示します。

3段階の調整を経て「小計」が表示されます。この小計が、おおむね営業損益計算の対象となった取引に関係するキャッシュフローの合計を意味します。小計の下に、利息及び配当金の受取額、利息の支払額、法人税等の支払額を記載します。注意したいのは、ここに出てくる利息、配当金、法人税等は、当期の支払額や受取額であることです。損益計算書に計上する支払利息と実際の利息支払額は、発生ベースと現金収支ベースの違いから金額がずれることがあります。また、下期の法人税等の支払いは翌期になるので、当期に支払った税額と損益計算書の法人税等とは一致しません。

③投資活動及び財務活動以外の取引によるキャッシュフローも、利息の支払額などと同様に小計の下に記載します。災害による保

険金収入、損害賠償金の支払い、巨額の特別退職金の支給などが該当します。営業損益に関係せず、投資、財務でもない項目を、ここで収容します。こうして営業キャッシュフローが完成します。

なお、利息及び配当金の受取額は投資キャッシュフローに、利息の支払額は財務キャッシュフローにそれぞれ記載する方式も採用できます。

営業キャッシュフローをみるときは、損益計算書の売上高、営業利益、貸借対照表の営業債権・債務の増減と比較することが重要です。売上高の伸びに比べて営業キャッシュフローの伸びが小さいなら、原材料費が高騰し値上げが追いつかない、販売が予想ほど伸びず在庫が増えている、無理な販売で売上債権の回収が遅れている、といった可能性があります。

3　投資キャッシュフロー

投資キャッシュフローは、将来の利益獲得や資金運用のために、どの程度の資金を支出し、あるいは回収したかを示します。①有形固定資産や無形固定資産の取得、売却②資金の貸付、回収③有価証券や投資有価証券の取得、売却――などに関係するキャッシュフローです。現金同等物として扱う3カ月以内の短期投資を除きます。

営業キャッシュフローは通常、流入超過になりますが、投資キャッシュフローは、大きな資産売却がなければ、支出超過になるのが一般的です。

営業キャッシュフローと投資キャッシュフローの合計を、フリーキャッシュフロー（純現金収支＝ＦＣＦ）と呼びます。これが支出超過（赤字）の会社は、外部から資金を調達するか、現金及び現金同等物を取り崩す必要が生じます。

4　財務キャッシュフロー

財務キャッシュフローは、営業活動や投資活動を維持するために、どの程度の資金が調達あるいは返済されたかを示します。具体的には、①借り入れ、株式や社債の発行による資金の調達②借入金の返済や社債の償還③配当金の支払い――などのキャッシュフローです。

キャッシュフロー計算書では、この財務キャッシュフローの下に、現金及び現金同等物に関する項目が4つ並びます。換算差額は、外貨建て資金の円への換算差額です。為替変動による影響を調整する項目です。次が増加額・減少額です。この増加額・減少額は通常、その下に表示する期首残高と期末残高の差額になります。期首の現金及び現金同等物が、営業、投資、財務の各段階を経て、期末残高につながるわけです。

連結キャッシュフロー計算書の注記には、「非資金取引」を記載します。新株予約権付社債（ＣＢ）の新株予約権の行使、株式の発行による資産の取得や合併などが該当します。ＣＢの転換は負債から純資産へ振り替わるだけで、資金は動きません。資金が動かない取引ですが、財務に重要な影響を与えるため、注記として開示します。

COFFEE BREAK

―フリーキャッシュフローは２つある―

M&Aなどの現場で企業価値を算定する時などに、フリーキャッシュフローと言えば、キャッシュフロー計算書をもとにはじき出すフリーキャッシュフローとは別のものを指すので注意しましょう。企業価値を算定する際に使うフリーキャッシュフローは、会社が株主と債権者のために自由に使えるキャッシュを指します（詳しい定義は241ページの解説をみてください）。つまり、株主や債権者に資金を配分する前のキャッシュフローです。半面、キャッシュフロー計算書から求めるフリーキャッシュフローは、借入金の利息などを支払った後に残るキャッシュフローです。

企業価値を算定する場合のフリーキャッシュフローの考え方と、キャッシュフロー計算書からフリーキャッシュフローを計算する際の考え方が違うのです。

第8章

財務諸表の見方・上級編

- 国際的な会計基準とのコンバージェンス（共通化）が進み、新しい会計基準が次々導入されています。
- 企業活動が世界へ広がり、海外投資家のわが国資本市場への参入が加速しているのが背景です。
- 新しい会計基準は難しいものが多いですが、開示される情報は非常に役に立ちます。

1　退職給付会計

⑴　退職給付会計の考え方

退職給付会計は、将来の退職金・年金の支払必要額を計算し、退職給付費用を適正に計上するとともに、企業が十分な支払い準備をしているかどうかを開示する制度です。２００１年３月期から導入しました。

退職給付とは、企業年金と退職一時金のことです。退職給付会計では、会社が将来に備えてその期に負担すべき年金・退職金の費用（退職給付費用）を計上するとともに、会社が将来に支出する債務を貸借対照表の負債に反映します。

注意してほしいのは、会社がその期に実際に供出する現金の額と、決算上で計上する退職給付費用は別物だということです。退職給付に絡む現金の支出と決算での費用の計上を切り離して考えます。

退職給付会計の基本を理解するために、まず単独決算での会計処理をみていきます。実は、２０１４年３月期から連結決算だけ会計基準が一部改正されています。単独での説明の後に、連結決算での会計処理について解説します。

(2) 単独決算でのポイント

具体的にみてみましょう。年金・退職金の将来の必要額のうち、現在までに支払い義務が発生した金額を、割引率という一定の利回りを使って現時点の必要額に換算します。この現時点の必要額を、退職給付債務（ＰＢＯ）と呼びます。たとえば、現在の１００万円を年間５％の利回りで運用すれば、５年後には１２８万円になります。つまり、５年後に１２８万円が必要なら、今は１００万円あればいいわけです。退職給付債務は、こうした「割引現在価値」という考え方で計算します。

会社は、安全性の高い長期債の利回りを基準に割引率を選びます。割引率を引き下げると、退職給付債務は増え、逆に引き上げると減ります。会社によって割引率が違うため、退職給付債務は単純に比べられません。退職給付債務の支払いに備えて、会社は年金資産を外部に積み立てます。退職給付債務と年金資産の差額を未積立退職給付債務といい、資金ベースでみた積立不足を示します。

さて、退職給付会計では、会社がその期に負担すべき年金・退職金の費用（退職給付費用）を計上し、それを貸借対照表では将来支出する費用（退職給付引当金）として負債に計上します。会社が年金基金などへ積立のため資金を拠出すると、退職給付引当金がその分は年金資産に振り替わります。退職給付引当金は費用計上済みですが、外部拠出されていない債務を意味します。未積立退職給付債務と退職給付引当金（前払年金費用がある場合はネット後）の差額は未認識項目と呼び、決算上の費用ベースで見た積立不足を示します。つまり、今後の減益要因になる積立不足です。これらをまとめると次のようになります。

退職給付債務－年金資産＝未積立退職給付債務（資金ベースの積立不足）
退職給付債務－年金資産－（退職給付引当金－前払年金費用）
＝未認識項目（費用ベースの積立不足）

未認識項目は全額を費用計上すると、財務への影響が大きいため、分割計上を認めています。これを遅延認識といいます。未認識項目には、会計基準変更時差異、未認識数理計算上の差異、未認識過去勤務費用の3つがあります。会計基準変更時差異は、新基準の導入で表面化した積立不足です。未認識数理計算上の差異は、割引率の変更や、運用利回りが計画を下回った場合など、見積もりと実際の乖離で発生します。未認識過去勤務費用は、年金給付の引き上げなどで発生した債務を指します。年金給付を引き下げれば債務の減額になります。なお、退職給付引当金がマイナスになると、前払年金費用が資産の部に計上されます。これは主に年金資産が退職給付債務を上回っている状態を指します。

次に、退職給付費用と退職給付債務の関係を説明しましょう。退職給付費用は左記のような式で表すことができます。

退職給付費用＝勤務費用＋利息費用－期待運用収益±未認識項目の費用処理額

具体例を示します。当期に入社した社員Aさんが当期末から34年後に定年退職するとします。当期を含めて勤続年数は35年間で、退職金総額は３５００万円と予想されます。３５００万円を35で割ると、会社にとって年間発生する退職金の支払い義務は１００万円になります。これを先ほど説明した割引計算します。割引率を３％とすると、入社初年度に計上すべき費用は次のようになります。

$$1{,}000{,}000 \div (1+0.03)^{34} = 366{,}044$$

このように1年間の労働の対価として発生した退職金の支払い義務を勤務費用といいます。

初年度の退職給付費用は勤務費用だけで、これがそのまま退職給付引当金になります。同時に退職給付債務になります。第2年度に計上する勤務費用は、次のようになります。

$$1{,}000{,}000 \div (1+0.03)^{33} = 377{,}026$$

第2年度は勤務費用に加え、利息費用が発生します。退職給付債務は割引計算するため、将来の支払い時期が近づくにつれ増えます。割引回数が一回減る分を利息と考えるわけです。利息費用は、期首退職給付債務×割引率で計算します。第2年度の利息費用は以下のようになります。

$$366{,}044 \times 0.03 = 10{,}981$$

第2年度の退職給付費用は勤務費用と利息費用の合計になります。

ここまでは年金資産を運用することを考慮していません。実際、多くの会社は年金の支払いに備えて外部に資金を積み立てます。この運用成果は費用負担を軽減するため、退職給付費用の控除項目になります。ただし、実際の運用収益ではなく、期待値を使います。期待運用収益は年金資産×長期期待運用収益率で計算します。

実際の運用収益を使わないのは、企業業績が年金資産の運用成績で大きく変動するのを避けるためです。期待運用収益と実際運用収益の差額など、見積もりと実際の乖離は未認識数理計算上の差異となり、その費用処理額も退職給付費用に含めます。会計基準変更時差異、未認識過去勤務費用の費用処理額も同様に退職給付費用になります。

なお、未認識数理計算上の差異、未認識過去勤務費用は、従業員の平均残存勤務期間以内の一定の年数で規則的に費用処理します。会計基準変更時差異の費用処理は15年以内です。

(3) 連結でのポイント

退職給付会計は連結のみ２０１４年3月期から改正基準を適用しています。これまで説明した単独での会計処理との最大の違いは、未認識項目（未認識数理計算上の差異、未認識過去勤務費用、会計基準変更時差異）を負債に追加計上することです。

従来の会計処理では未認識項目は一定期間をかけて計上するため、貸借対照表をみただけでは年金資産の積立状況がわかりません。国際的な会計基準が貸借対照表に積立状況を反映するようになり、日本も改正に踏み切りました。未認識項目は費用ベースの積立不足です。積立不足の多い会社では財務指標が悪化する恐れがあります。

追加の負債計上は、未認識項目の発生時に損益計算書を経由せずに貸借対照表に反映します。未認識項目に対応する金額について、税効果を調整したうえで、その他の包括利益累計額に「退職給付に係る調整累計額」として算入します。持ち合い株などその他有価証券の時価評価に似た会計処理といえます。

図表8-1をみてください。退職給付引当金50、未認識項目150の会社を例として単独基準による処理を示すのが上段です。下段がそれを連結基準で処理した場合です。上段と下段をみくらべて目につく違いは、単独では負債に「退職給付引当金50」とあるのが、連結では「退職給付に係る負債200」となっている点でしょう。さきほど説明したように、連結では未認識項目も負債に追加計上するからです。言葉が単独の「退職給付引当金」から、連結では「退職給付に係る負債」と変わることにも注意してください。

では、具体的にみてみましょう。税率は40%とします。未認識項目150を負債に追加計上し、退職給付に係る調整累計額90（150×0.6）をその他の包括利益累計額に、繰延税金資産60（150×0.4）を資産に計上します。追加計上する負債は単独の退職給付引当金と合わせて「退職給付に係る負債」という項目になります。前払年金費用は「退職給付に係る資産」に変わります。

図表８－１　退職給付会計のポイント

（▲はマイナス）

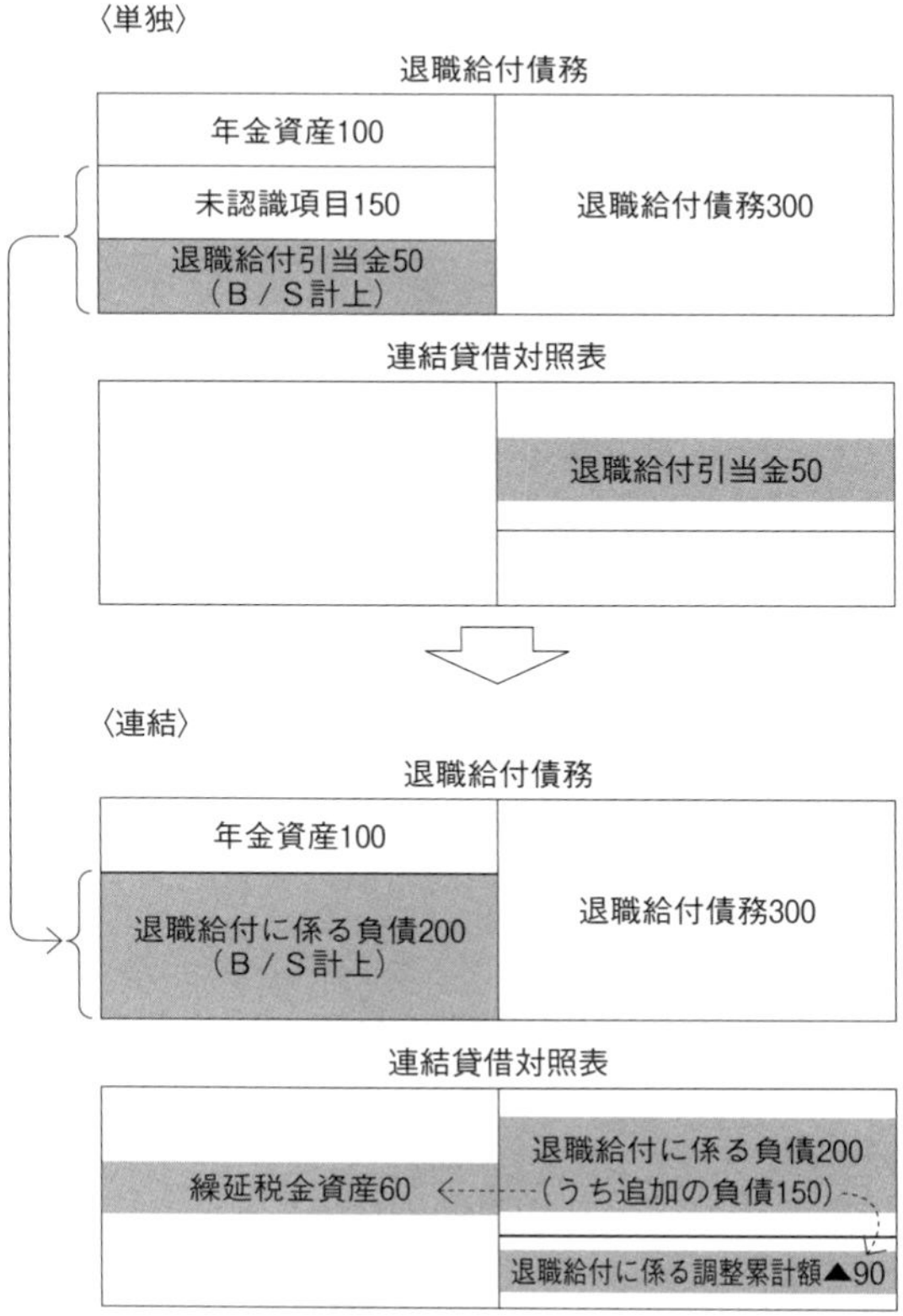

（注）　説明の便宜上、単独は税効果を省略。また、同様に単独と連結の債務の前提も同じにした。

損益計算書ではどうなるのでしょうか。未認識項目の費用処理は従来と変わりません。仮に10年間で償却するなら、退職給付費用に年15（150÷10）を計上します。

退職給付費用を計上すると、貸借対照表では、退職給付に係る累計調整額が税効果を調整したうえで9（15×0.6）減り、利益剰余金が同額減る形になります。この調整は包括利益計算書で行い、「退職給付に係る調整額」という項目を使います。

負債の追加計上は、連結だけが対象で単独には当面、適用されません。会計基準の国際化を連結先行で進め

COFFEE BREAK

― マイナス金利と退職給付債務 ―

期間10年の日本国債の利回り（長期金利）が2016年に初めて０％を下回りマイナスを記録しました。マイナス金利は企業会計にも大きな波紋を広げました。

特に、退職給付債務を計算する際の割引率が注目を集めました。割引率は国債など安全性の高い債券の利回りを基準に決めるため、割引率がマイナスになる可能性が浮上したのです。利回り（金利）の世界では通常、マイナスを想定していません。会計基準でも金利がマイナスになった場合の方針がありませんでした。

企業会計基準委員会は急きょ、国債の利回りがマイナスになった場合は、会社は割引率をマイナスにするか、ゼロにするか選べるようにしました。割引率がマイナスだと将来に支払う予定の金額に比べ、退職給付債務が大きくなります。通常であれば、現在価値に割り戻すと将来の金額に比べ小さくなるはずが、マイナス金利では逆になるのです。

る一環です。この背景には、負債の追加計上による単独の財務悪化を懸念する声が会社側からあったといわれています。

単独と連結の会計処理が違うため、単独では、連結では使わない退職給付引当金や前払年金費用という言葉が残り注意が必要です。

2　固定資産の減損会計

会社が設備投資をすると、貸借対照表に資産計上します。投資が成果をあげればいいですが、失敗に終わることもあります。会社が事業の撤退を決めれば、損失が生じます。しかし、事業は続けているものの、投資の回収は見込めず、固定資産が含み損を抱えているケースも少なくありません。過去の会計ルールでは、こうした資産の含み損を処理する基準がなく、貸借対照表が過大表示され、損失計上が先送りされているという疑念が持たれていました。

２００６年3月期から適用になった固定資産の減損会計は、固定資産の収益性が下がり投資額の回収が見込めない場合に、回収可能額まで帳簿価額を引き下げて、損益計算書に損失を計上するルールです。減損会計は、有価証券などに導入された時価会計とは異なり、取得

図表8－2　減損会計の手順

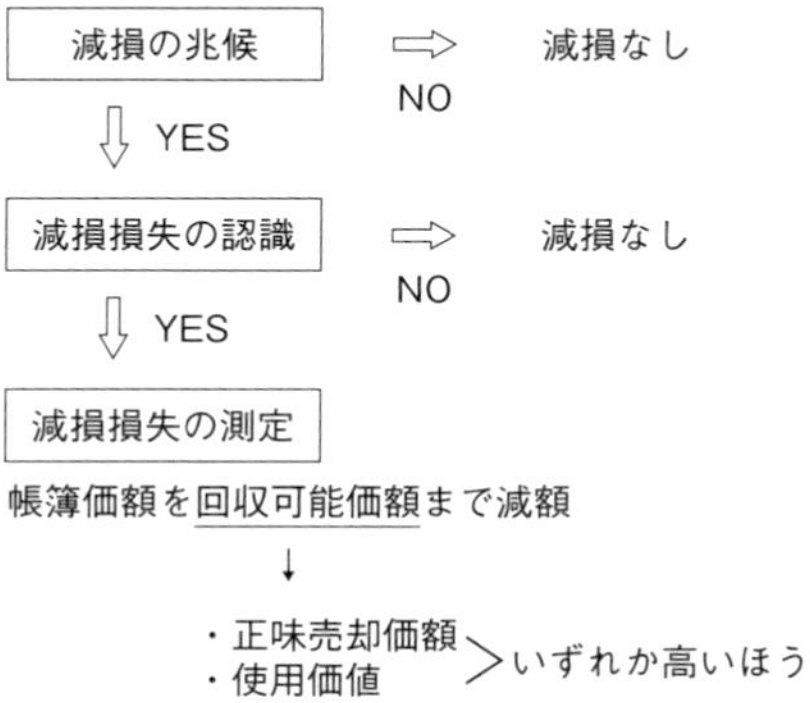

原価主義会計のもとで行われる、帳簿価額の臨時的な減額と位置づけられます。

減損会計は①減損の兆候②減損損失の認識③減損損失の測定の3段階で適用します（図表8-2）。

①減損の兆候では、減損が生じている可能性のある資産をピックアップします。具体的には、資産または資産グループについて、(1)営業活動から生じる損益またはキャッシュフローが継続してマイナス(2)事業の廃止や再編成など回収可能価額を著しく低下させる変化(3)経営環境の著しい悪化(4)市場価格の著しい下落――が例示されています。

(1)の「継続して」とは、過去2期と今期見込みがマイナスの場合などを指します。(4)の「著しい下落」は、市場価格が帳簿価額から50％程度以上下落した場合が該当します。

②減損損失の認識で、さらに対象を絞り込みます。対象資産から得られる割引前将来キャッシュフローと帳簿価額を比べ、キャッシュフローが下回る場合は、減損損失を認識します。ここで、損失を出す対象資産が決まります。しかし、計上する損失額はこの金額ではありません。

③減損損失の測定で、対象資産の損失額を決めます。具体的には、帳簿価額を回収可能価額まで減額して、その減少額を特別損失に計上します。回収可能価額は「正味売却価額」と「使用価値」の、いずれか高いほうの金額です。正味売却価額は、市場価格から処分費用見込み額を除いた金額です。使用価値は、将来キャッシュフローの現在価値を指します。

要するに、売って回収できる金額か、稼げる金額のどちらかです。ポイントは、「認識」では割引前ですが、「測定」は割引現在価値になる点です。割引前を使うほうがキャッシュフロー金額は多くなるので、減損の対象になりにくくなります。

将来キャッシュフローを見積もる期間は、「認識」では経済的残存使用年数または20年のいずれか短いほうですが、「測定」では期間の制限はありません。これは、現在価値に割り引くので期間の影響が小さいためです。

減損会計で難しいのは、資産のグルーピングです。独立したキャッシュフローを生み出す最小単位で行います。多角化が進んでいる企業では、それぞれの事業ごとに減損が必要か判定します。また、企業を買収した時に生じる「のれん」も減損会計の対象です。

3　新株予約権とストックオプション会計

ストックオプション等会計基準は、会社法の施行に合わせて2006年5月から適用になりました。理解するには、まず、新株予約権の会計処理を知る必要があります。

新株予約権とは、株式会社に対して行使することにより、その会社の株式の交付を受けられる権利をいいます。新株予約権は、新株予約権付社債として社債に組み込まれて発行する場合と、新株予約権のみを発行する場合の両方があります。ここでは新株予約権のみの発行を取り上げます。

新株予約権の発行は有償、無償の2つのパターンがあります。現金を対価に有償で発行する場合は、その払込金額を純資産の部に新株予約権として計上します。

新株予約権の行使時に新株を発行するケースでは、現金の払い込みを受けて新株を発行するため、資本金や資本準備金が増えます。たとえば、新株予約権を100円で発行し、行使価格が３００円とします。権利行使時には、新株予約権１００円と、行使によって払い込まれた現金３００円の合計４００円を、資本金２００円と資本準備金２００円にします。これに対して、権利行使がないまま権利行使期限を迎えた場合（失効）は、新株予約権１００円を取り崩して特別利益に計上します。

新株予約権はストックオプション（株式購入権）としても活用できます。ストックオプションは、あらかじめ決めた価格（権利行使価格）で会社から株式を購入できる権利です。株価上昇後に権利を行使すれば、売却益を手にできます。会社は優秀な人材の確保や労働意欲向上のためのインセンティブ報酬として支給します。

ストックオプション等会計基準では、付与するストックオプションの価値を算定し、費用処理することを義務付けました（図表8-3・8-4）。会社は、ストックオプションを付与しても、現金を支払うわけではないので、従来は費用処理しませんでした。ストックオプションというインセンティブにより、役員や従業員はさらに働くと考えられます。その労務サービスを企業が消費している以上、費用計上すべきだというのが、基準の考え方です。

オプションの価値は、「ブラック・ショールズ・モデル」などの計算式を使います。その会社の株価の変動率が大きいほど、行使可能な期間が長いほど、オプションの価値は大きく

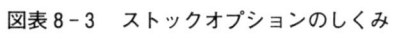

図表8－3　ストックオプションのしくみ

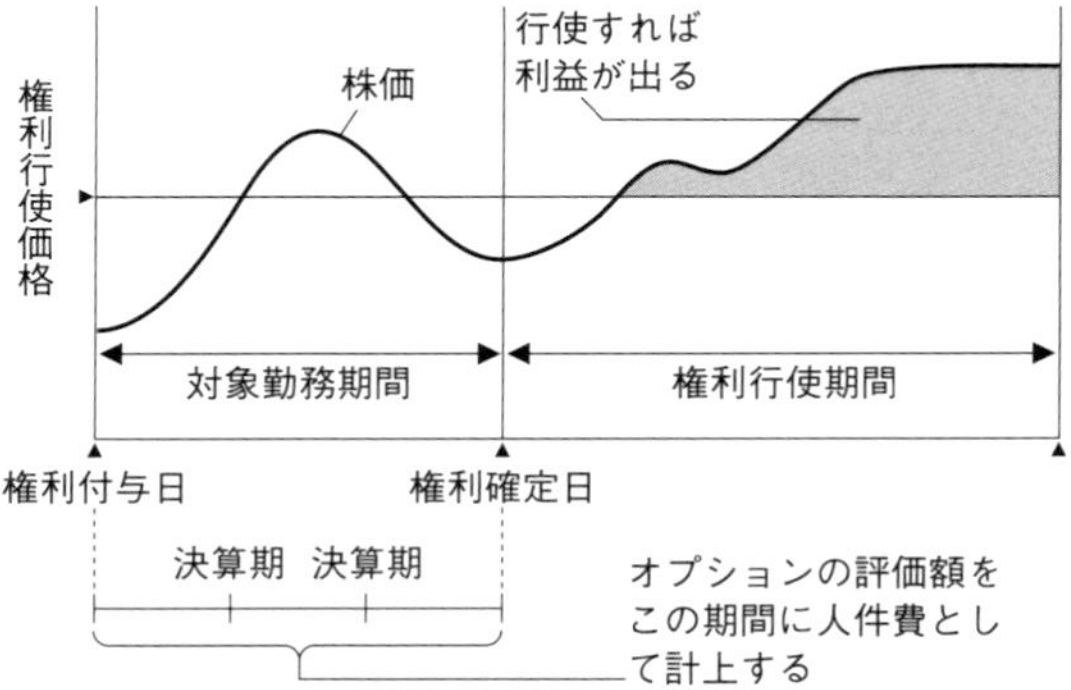

図表8－4　ストックオプションの会計処理

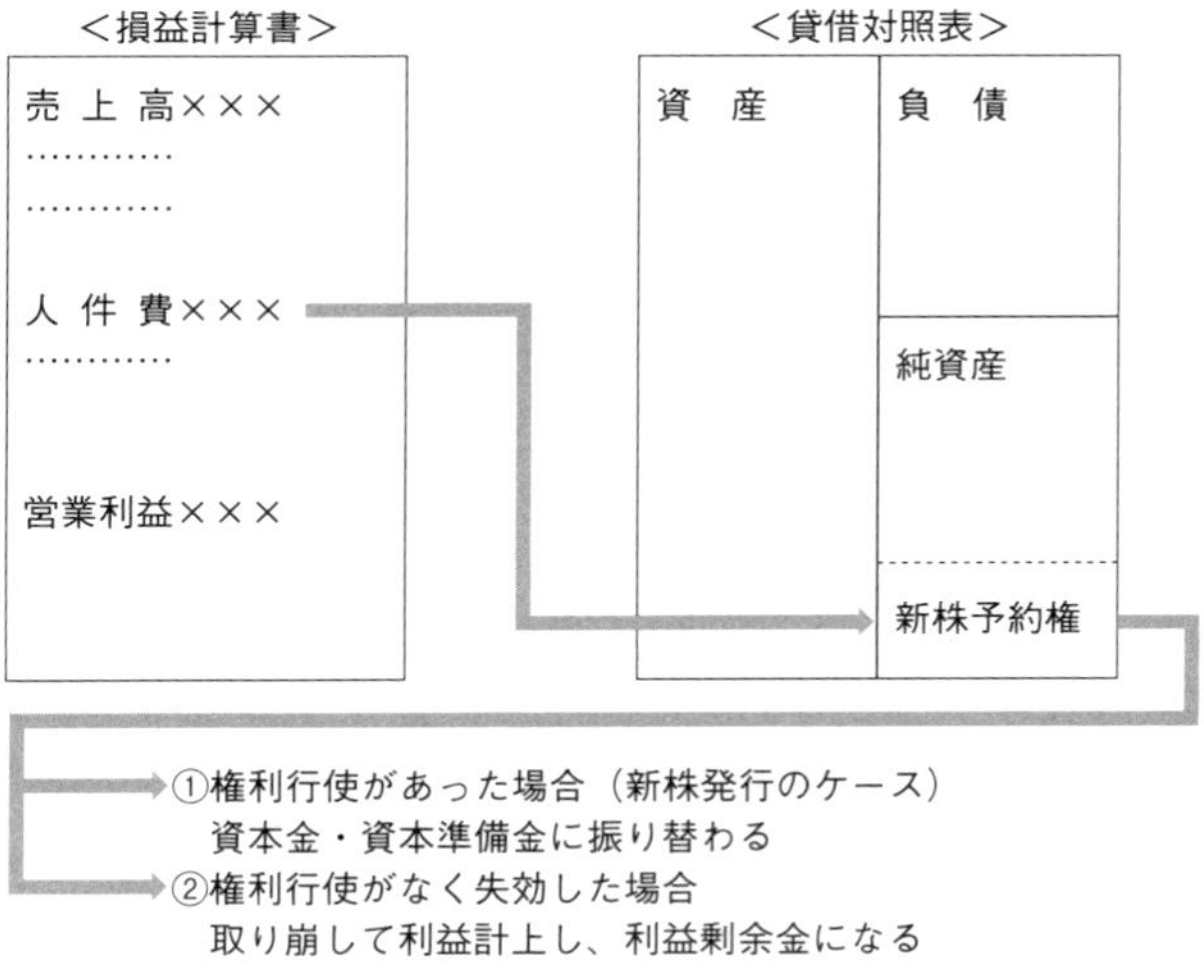

なります。変動率が大きく、期間が長いほど値上がりを期待できるからです。

ストックオプションは通常、権利が付与されてから一定期間は権利行使できません。付与日から権利確定日までの期間を対象勤務期間と呼びます。２年程度が多いようです。この後で、権利行使が可能になります。権利行使期間は４～５年が多いようです。費用計上するのは対象勤務期間で、２年間ならオプション価値を２年間に分けて計上します。

損益計算書では、オプション価値の計上額を人件費（株式報酬費用）とし、貸借対照表では、同額を新株予約権として純資産の部に計上します。ここがわかりにくい点です。通常の人件費の場合は、現金が流出するので、貸借対照表には資産の減少として反映します。ところが、ストックオプションは、現金が流出しないため、費用に対応して貸借対照表の純資産を増やさないと、つじつまが合わないのです。

現金を対価とする場合は、企業は現金の払い込みを受けて、新株予約権を発行します。これに対して、ストックオプションは、従業員から労務サービスの提供を受けて、その報酬（労働の対価）として新株予約権を付与するのです。

行使時や失効時の会計処理は、通常の新株予約権と同じです。

4　企業結合会計

企業結合会計は、合併・買収の会計基準です。かつては、日本には合併の会計基準がなく、過去には商法や税法の規定に基づき、企業は消滅会社の資産を、時価以下の範囲なら自由に引き継げました。時価以下なら簿価でも時価でもよく、含み損だけを処理するような不透明な会計処理が行われてきました。

一方、買収の場合は連結対象になりますから、連結会計で処理します。新たに連結される会社は時価評価が義務付けられます。合併と買収は、連結グループに入る点では同じです。合併と買収を同じ基準で処理する会計基準が必要だったのです。2007年3月期からの企業結合会計の適用により、時価以下の範囲で消滅会社の資産を一部評価替えする会計処理は不可能になり、透明性が向上しました。

企業結合会計では、外部企業を対象とする合併と買収を、パーチェス法（買収法）で処理します。合併でも、どちらかが買収したと見なします。パーチェス法で合併を処理する場合、まず、株式を時価発行したと考えます。これがパーチェス法の本質です。合併比率に基づいて、存続会社が新たに発行する株式数が決まります。ここに存続会社の株価をかけたものが買収価格です。１株５００円で１０００万株を発行すれば買収価格は50億円。この金額だけ、存続会社の資本金・資本準備金が膨らみます。

次に、消滅会社の資産・負債を時価評価して引き継ぎます。時価評価するのは土地などです。資産と負債の差額である時価純資産が40億円とします。買収価格の50億円から40億円を差し引いた10億円が残ります。これをのれんとして資産計上し、20年以内に償却します。のれんは超過収益力を意味します。一種のつじつま合わせと考えてもいいでしょう。パー

COFFEE BREAK

― 対等合併という幻想 ―

日本企業では、合併などの経営統合で「対等の精神」という言葉がよく使われます。しかし、本当に対等と呼べる合併はごくわずかです。ほとんどの場合は大が小をのみ込む合併なのが実情です。つまり、実質的には買収なのです。合併後の役員人事をみていると、取得側がはっきりするケースが少なくありません。日本では、合併と買収を区別して考える傾向があります。法律上の手続きが違ううえ、買収側と被買収側を明確にすることを嫌うムードもあります。一方、本当の対等合併にも問題があります。社長を旧２社で交互に出すような企業では、迅速な意思決定はできないでしょう。

対等合併は、あいまいさを残しがちな日本の企業社会を象徴しています。

チェス法はのれんの償却が損益を圧迫するうえ、消滅会社の利益剰余金を引き継ぐことはできません。

合併以外の形式を考えましょう。株式交換、株式移転があります。いずれも対価は株式です。株式交換は自社の株式を交付して、被取得企業の株式を受け取り、100%子会社にします。これに対して、株式移転は持株会社をつくり、そこに2社以上が100%子会社としてぶらさがります。ただ、会計上は、どちらかが買収したとみなして処理します（図表8-5）。

重要な点は、株式を対価とする合併、株式交換、株式移転は、いずれも連結ベースでは同じ財務諸表になることです。法的な形式ではなく、実質を優先して会計処理が決められています。異なる企業グループが1つになる際に「経営統合」という言葉を使います。経営統合の発表では、合併比率など株式を交換する比率、合併、株式交換、株式移転といった法的な形式、会計上の取得・被取得企業、のれん及びその償却年数が注目されます。

図表８－５　企業結合会計の注記

（JVC・ケンウッド・ホールディングス＝現JVCケンウッド、
2009年３月期、一部加筆）

●被取得企業（日本ビクター）の取得原価及びその内訳

取得の対価	当社普通株式及び現金	96,835百万円
取得に直接要した費用	アドバイザリー費用等	523百万円
取得原価		97,359百万円

●企業結合日に受け入れた（日本ビクターの）資産及び負債の額並びにその内訳

流動資産	196,255百万円
固定資産	119,712百万円
のれん	6,202百万円
資産合計	322,170百万円
流動負債	180,535百万円
固定負債	42,253百万円
負債合計	222,788百万円
少数株主持分	2,022百万円

⇩

（単位：百万円）

資　産　315,967	負　債　222,788
	少数株主持分　2,022
のれん　6,202	取得原価　97,359

（解説）

ケンウッドと日本ビクターが株式移転で2008年10月に経営統合。取得企業はケンウッド、被取得企業は日本ビクター。取得原価（買収価格）974億円が時価純資産（推定912億円）を上回ったため、のれんが62億円発生した。こののれんは、その後、全額を減損している。

5 リース会計

会社は設備や機械を買うかわりに、設備を借りるリース取引をよく利用します。リース会計基準が整備されるまでは、設備を買う場合とリースする場合とでは会計処理が大きく違いました。設備を買った場合は貸借対照表に資産として計上し減価償却します。しかし、借りている場合は資産計上せずに、支払ったリース料を損益計算書で費用計上するだけでした。

例えば、いま買えば90億円する設備をリースで借りて、毎年20億円ずつリース料を払い、5年たったら設備が会社のものになる場合を考えてみましょう。この取引は、いま90億円を銀行から借りて設備を購入し、利息も含めて5年かけて計100億円を返済する、という取引と実質的に同じです。しかし、この2つの取引の会計処理はかつて全く違ったのです。

2009年3月期から適用が始まったリース会計基準では、リースで設備を借りた場合でもリース資産やリース債務を貸借対照表で計上し、減価償却もするようにしました(図表8-6)。つまり、リース取引であっても、借りた設備を買ったものとして会計処理しなければならないのです。

図表８－６　リース会計適用の影響

適用前

●貸借対照表

資産1,000	負債300
	純資産700

●損益計算書

売上高	1600
⋮	
支払リース料	150
⋮	
営業利益	40
⋮	

●キャッシュフロー計算書

営業キャッシュフロー	
リース料支払額	150

適用後

●貸借対照表

リース資産300	リース債務300
資産1,000	負債300
	純資産700

●損益計算書

売上高	1600
⋮	
減価償却費	135
⋮	
営業利益	55
⋮	
支払利息	20
⋮	

●キャッシュフロー計算書

営業キャッシュフロー	
利息の支払額20	
財務キャッシュフロー	
ファイナンス・リース債務の返済による支出	130

このように、借りた設備でも売買したのと同じ会計処理をするリース取引を「ファイナンス・リース」と呼びます。リース契約を中途解除できず（解約不能）、ユーザーがリース物件のほとんどすべての経済的利益を享受し、ほとんどすべてのコストを負担する（フルペイアウト）リース取引を指します。

ファイナンス・リースの条件を満たさないリース取引もあり、そうしたリース取引は設備などを借りたものとして扱う賃貸借取引としての処理が認められます。ファイナンス・リース以外のリースを企業会計では「オペレーティング・リース」と分類します。

買えば600万円する乗用車を2年間借りる取引を考えます。一般には、リース期間が終わる2年後でも中古車としての価値が残ります。この場合、借り手はリース期間2年の間に例えば400万円相当のリース料を払います。このような取引をオペレーティング・リースといいます。借りている設備の価値をリース料の支払いを通じてほぼすべて借り手が負担するファイナンス・リースとの違いがよくわかると思います。

改めて整理しましょう。現行のリース会計基準は原則、ファイナンス・リースは資産・負債を計上し減価償却もする「売買処理」をします（ただ、1件当たりのリース料総額が300万円以下のリース取引は賃貸借処理が認められます）。オペレーティング・リースは逆に賃貸借処理できます。

しかし、オペレーティング・リースだけは貸借対照表に記載せずに処理できるルールも変わる見通しです。会計基準をつくる企業会計基準委員会（ＡＳＢＪ）が２０１９年３月、すべてのリース取引を売買処理する会計基準をつくる方針を決めたのです。国際会計基準（ＩＦＲＳ）が２０１９年１月から、米国会計基準は２０１８年12月から始まる決算期で、すべてのリース取引を資産・負債計上する基準を導入ずみです。日本のリース会計基準の見直しは国際的な流れに対応する狙いがあります。

6　四半期財務諸表

上場企業は２００９年３月期から金融商品取引法で四半期決算が義務付けられました。企業業績をタイムリーに開示するのが狙いです。非上場の有価証券報告書提出会社は従来通り半期報告書を作成します。

四半期報告書は各四半期終了後、45日以内に提出する必要があります。迅速さを重視しているため、様々な点で簡便さが認められています。まず開示するのは連結だけです。四半期財務諸表は、連結貸借対照表、連結損益計算書、連結包括利益計算書、連結キャッシュフロー計算書で、キャッシュフロー計算書は第1四半期と第3四半期は省略が可能です。連結がない会社は単独を開示します。

四半期決算といっても、損益計算書で開示するのは累計期間です。3月期決算会社なら、4～6月、4～9月、4～12月になります。3カ月ごとの会計期間は任意開示です。また、第4四半期の開示は不要です。

四半期決算で注意が必要なのは、その他有価証券など投資有価証券の減損処理です。保有する投資有価証券の時価が簿価を5割以上下回ると、減損処理が必要になります。年度末の減損処理では、簿価を時価に切り下げる「切り放し法」が義務付けられています。

ところが、四半期決算では、期末の評価損を翌期首に取り消す「洗い替え法」と、切り放し法を選択適用できます（図表8-7）。簿価100の投資有価証券が4～12月期末に30に下落すると、どちらの方法でも損益計算書に70の評価損を計上します。3月期末に時価が60になった場合、洗い替え法では4割の下落なので減損処理は必要なくなります。一方、切り放し法では、12月期末時点で簿価を切り下げて評価損70が確定しており、年度末でもそのまま計上します。

図表８－７　洗い替え法と切り放し法の違い
（投資有価証券の減損処理）

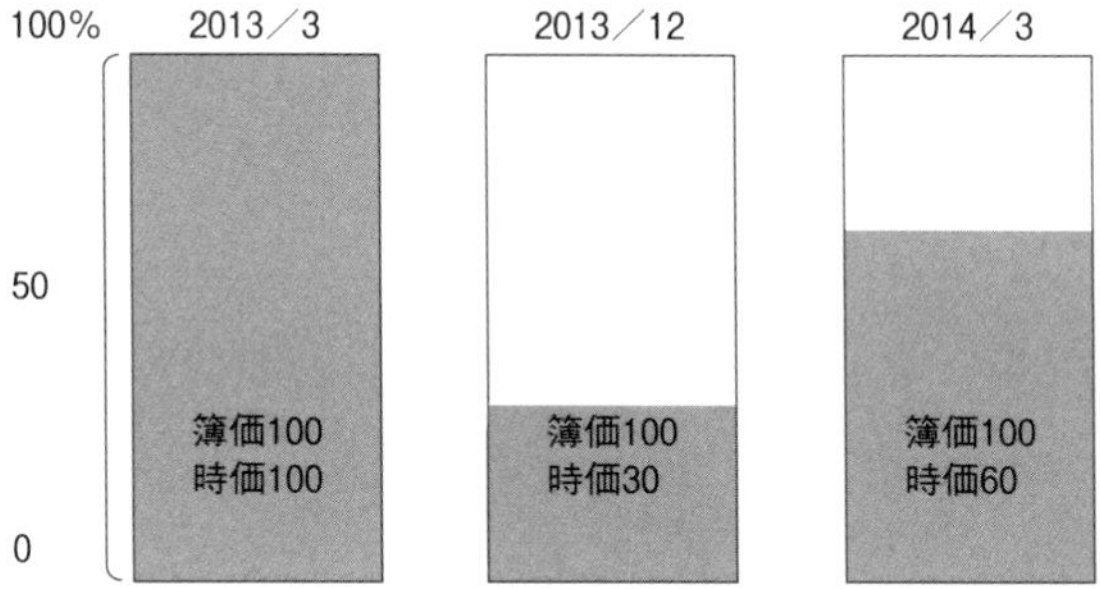

	2013／４～12	2014／３
洗い替え法	損益計算書に評価損70計上	損益計算書に評価損なし
切り放し法	損益計算書に評価損70計上	損益計算書に評価損70計上

銀行、保険の四半期決算について説明しましょう。銀行、保険も上場会社は四半期報告書、四半期決算短信を作成します。問題は第２四半期です。提出するのは四半期報告書ですが、記載するのは中間財務諸表、中間連結財務諸表なのです。銀行、保険は単体かつ半期ベースで自己資本比率に係る規制を受けているからです。このため、上場している銀行、保険では中間決算という言い方が残っています。

7　関連当事者の開示

大王製紙の創業家出身の前会長がグ

図表８－８　関連当事者との取引

（大王製紙、2011年３月期、一部抜粋）

種類	会社等の名称又は氏名	事業の内容又は職業	取引の内容	取引金額（百万円）	科目	期末残高（百万円）
役員及びその近親者	○○○○※	当社代表取締役社長	資金の貸付	2,350	短期貸付金	2,350
			利息の受取	18	未収入金	18

（注）　※有価証券報告書では実名

ループ会社から巨額の借り入れをしていたことが２０１１年に明らかになり、話題を集めました。この事件に関連して有価証券報告書の開示が注目されました。前会長による子会社からの借り入れが記載されていたからです（図表８－８）。

この開示は、２００９年３月期から適用された「関連当事者の開示に関する会計基準」に基づくものです。関連当事者とは、親会社、子会社、関連会社、兄弟会社、主要株主およびその近親者、役員およびその近親者などで、その会社を支配している、または重要な影響力を持っている関係者をいいます。

開示するのは、①関連当事者との取引②関連当事者の存在――です。取引を開示するのは、会社と関連当事者との取引は、対等な立場で行われているとは限らず、会社の財政状態や経営成績に影響を与えることがあるからです。たとえば、オーナー社長の配偶者が所有するオフィスビルをその会社が賃借し、割高な家賃を支払うようなケースです。こうした不透明な取引を監視するのが狙いです。

連結ベースでの開示が原則なので、親子間、子会社間の取引は開示対象にならず、連結会社（親会社及び子会社）と関連当事者との取引は開示対象になります。以前は、子会社と関連当事者との取引は開示対象ではなく、子会社を経由させて開示を逃れるケースがありましたが、そこに網をかけた格好です。ただし、開示は重要な取引に限られます。

また、直接の取引がなくても、関連当事者の存在自体が、会社の財政状態や経営成績に影響を及ぼすことも考えられます。そこで、親会社の存在、重要な関連会社の存在を開示します。重要な関連会社については、要約財務情報も開示されます。

8　賃貸等不動産の時価開示

不動産の時価情報は投資情報として注目されています。２０１０年3月期末から賃貸等不動産の情報が開示され、賃貸ビルなどの時価や含み損益を知ることができます（図表8-9）。

賃貸等不動産は、棚卸資産に分類されている不動産以外で、賃貸収益またはキャピタル・ゲインの獲得を目的として保有されている不動産です。具体的には、①貸借対照表で投資不

図表８－９　賃貸等不動産の時価が大きい企業

（2012年３月期連結、単位：億円）

社名	時価	簿価	含み損益
三菱地所※	47,996	28,552	19,445
住友不動産※	36,417	26,658	9,760
三井不動産	28,601	20,497	8,104
東日本旅客鉄道	13,044	4,998	8,046
ＮＴＴ都市開発	11,555	7,439	4,115
東急不動産	9,091	8,668	424
野村不動産HD※	7,279	6,948	331

（注）　※「賃貸等不動産」と「賃貸等不動産として使用される部分を含む不動産」の合計

動産に区分している不動産②将来の使用が見込まれていない遊休不動産③上記以外で賃貸されている不動産――です。

③は有形固定資産の土地、建物、構築物、建設仮勘定、無形固定資産の借地権に分類されているオフィスビルや駐車場などが該当します。開示される賃貸等不動産の多くは③と考えてよいでしょう。工場、店舗、本社ビルといった物品の製造・販売、サービスの提供、経営管理に使用されている不動産は対象ではありません。原則、連結ベースの情報なので、連結会社（親会社と子会社）間の賃貸物件は賃貸等不動産にはならない点に注意してください。

開示する項目は、賃貸等不動産の概要、貸借対照表計上額（簿価）および期中の変動額、期末の時価およびその算定方法、損益です。時価の算定は、国土交通省の

「不動産鑑定評価基準」に従って自社で算定するケースや外部の不動産鑑定士を使うケースがあります。

わかりづらいのは、自社や子会社が一部を利用している賃貸等不動産の取り扱いです。原則は賃貸部分を切り分けますが、実務上、難しい場合があります。その場合は、「賃貸等不動産として使用される部分を含む不動産」として、別に開示することが認められています。

9　資産除去債務会計

有形固定資産の中には、その資産の除去を法令や契約で義務付けているケースがあります。ＰＣＢ、アスベストなど有害物質の除去義務、オフィスなど賃貸不動産の原状回復義務、原子力施設の解体費用などが該当します。

こうした除去費用はいつ計上すべきでしょうか。2つの方法が考えられます。第1は、将来の費用を有形固定資産の使用に応じて費用計上し、引当金として積んでおくやり方です。この方法は、適正な損益計算の観点からは有効ですが、除去に必要な金額がどれぐらいか、全体像を貸借対照表から読み取ることができません。そこで第2の方法が登場します。資産除去債務という考え方です。

この会計処理は、最初は戸惑います。将来支払う除去費用をどう貸借対照表に反映させるかという視点で作られており、そこを理解することが大切です。

図表8-10をみてください。3年後に除去費用が1311かかるとします。これを割引率という利回りで今の必要額に換算します。割引率を3%にすると、現在の必要額は1311÷$(1+0.03)^3=1200$になります。割引率は国債利回りなど無リスクの利子率を使います。

この除去費用は、資産側では、関連する有形固定資産の帳簿価額に加えて、減価償却の対象にします。一方、負債側では資産除去債務として同額を負債計上します。1年基準が適用され、1年以内に支払うものは流動負債に、それ以外は固定負債に計上します。

これで終わりではありません。割引計算をしているので1年ごとに利息相当額が発生し、資産除去債務が増えます。「時の経過による資産除去債務の増加」がそれに当たります。この利息費用も減価償却費と同じ区分に含めて計上します。3年後に資産除去債務は1311になり、現金の支払いに伴って資産除去債務も取り崩されます。

資産除去債務会計は、除去に必要な現時点の債務を貸借対照表に計上させることで、債務の全体像がみえるように工夫しているのです。資産除去債務会計基準は2011年3月期か

図表 8-10　資産除去債務の会計処理

★建物を使用後に除去する法的義務があり、３年後に除去する支出が1,311と見込まれる。割引率は３％とする。

【貸借対照表】

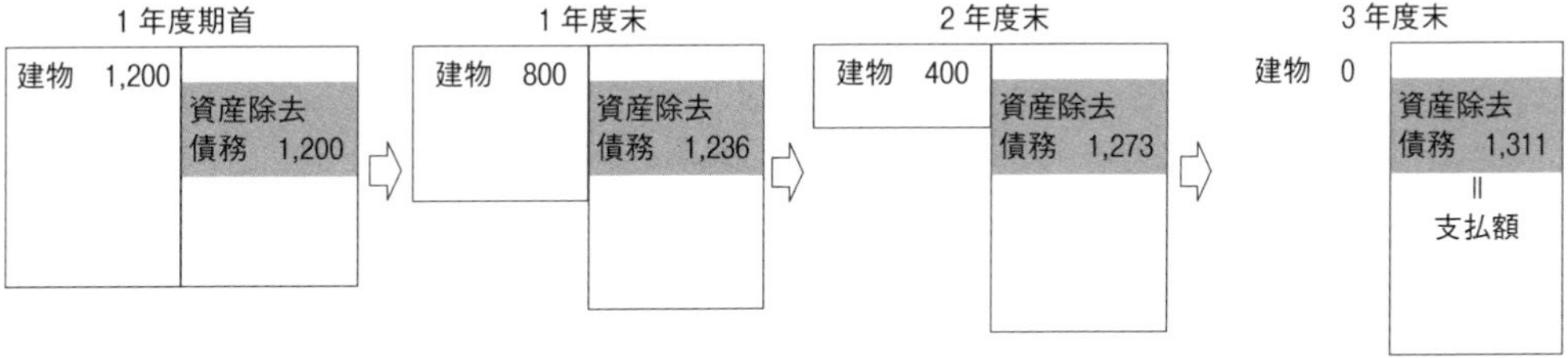

【損益計算書】

資産計上した除去費用の減価償却費	400	400	400
時の経過による資産除去債務の増加※	36	37	38
合計	436	437	438

※損益計算書では減価償却費と同じ区分に含め計上する
　１年度　1,200×0.03＝36
　２年度　1,236×0.03＝37
　３年度　1,273×0.03＝38

ら適用されています。

10 過年度遡及会計

企業が棚卸資産の評価方法を総平均法から先入先出法に変更すると、売上原価が変わるため、損益に影響が出ます。こうした会計方針の変更があった場合、従来はその理由や影響を注記で記載していました。また、過去の決算に誤り（誤謬（ごびゅう））があると、修正額を前期損益修正として特別損益に計上していました。会計方針の変更などを過去に遡って適用・反映するルールは存在しなかったのです。2012年3月期から適用された「会計上の変更及び誤謬の訂正に関する会計基準」は、会計方針の変更や過去の誤謬の訂正について、過去に遡って適用・反映する遡及処理を行うことにより、2期間の財務諸表の比較を可能にしました。なお、この会計基準は一般に「過年度遡及会計基準」と呼ばれています。

過年度遡及会計基準は①会計方針の変更②表示方法の変更③会計上の見積もりの変更④過去の誤謬の訂正――の4つに分けて取り扱いを定めています（図表8-11）。①～③の総称が会計上の変更です。この基準は用語の意味を理解することが重要です。

図表８-11　過年度遡及会計基準の内容

分類		遡及処理	取り扱い	内容
会計上の変更				
	会計方針の変更	する	遡及適用	新たな会計方針を過去の財務諸表に遡って適用していたかのように会計処理
	表示方法の変更	する	財務諸表の組み換え	新たな表示方法を過去の財務諸表に遡って適用していたかのように表示を変更
	会計上の見積もりの変更	しない	当期・将来期間で会計処理	過去に遡って処理せず、その影響を当期以降で認識
過去の誤謬の訂正		する	修正再表示	過去の財務諸表における誤謬の訂正を財務諸表に反映

▽①**会計方針の変更**＝会計処理の原則・手続きを変えることです。会計基準等の改正に伴うものと、自発的に行うものがあります。棚卸資産の評価方法を総平均法から先入先出法に変更する、といった例が該当します。

▽②**表示方法の変更**＝財務諸表の科目分類や報告様式を変えることです。「投資その他の資産」の「その他」に含めていた「長期貸付金」の金額的重要性が増したため、独立記載するようなケースです。

▽③**会計上の見積もりの変更**＝新たに入手可能となった情報に基づいて、過去に行った見積もりを変更することです。保有する備品の使用実態を見直し、耐用年数を短縮するのが代表的な例です。

▽④**過去の誤謬の訂正**＝過去の財務諸表の誤りを訂正することです。データの収集や処理上の誤り、

会計上の見積もりの誤り、会計方針の適用の誤りや表示方法の誤りがあります。

①、②、④は過去を修正する遡及処理をします。③は遡及処理をせず、当期または将来の期間にわたって会計処理に反映します。ここで大きな論点があります。減価償却方法の取り扱いです。「定率法→定額法」といった減価償却方法の変更は、①会計方針の変更と③会計上の見積もりの変更のどちらに該当するのでしょうか。

日本では伝統的に①と扱ってきましたが、国際的な会計基準では③として扱います。基準をつくる際に、日本は従来の考え方を変えませんでした。そうすると、減価償却方法を変更すれば、遡及処理が必要になります。そこで、減価償却方法の変更は「会計方針の変更を会計上の見積もりの変更と区別することが困難な場合」に該当すると位置づけ、遡及処理を求めないようにしました。伝統的な考え方を残しながら、現実的な対応をしたといえます。

過年度遡及会計基準は、様々な会計処理に影響を与えています。過年度の損益修正を特別損益として計上する前期損益修正項目がなくなりました。貸倒処理した債権を回収したときに計上する償却債権取立益は原則として営業外収益に、貸倒引当金戻入益は営業費用の控除または営業外損益にそれぞれ計上します。また、予測できなかった機能的な減価を理由に耐用年数を短縮し、これに基づいて計上する「臨時償却」は廃止になりました。

第9章 企業価値の見方

●会社の価値には大きくわけて「事業価値」「企業価値」「株主価値」の3種類があります。

●評価法は「インカム」「マーケット」「ネットアセット」の3つのアプローチがあります。

●インカム・アプローチのなかでもDCF法が実務で最もよく使う評価手法です。

1　企業価値とは

企業価値とは文字通り会社の価値、つまり「会社の値段」を意味すると言っていいでしょう。「会社の値段」と聞くと多くの人は株式時価総額のことを思い浮かべるかもしれません。２０１９年初めに、米国のアマゾン・ドット・コムがマイクロソフトを抜いて、株式時価総額で世界最大の会社になったというニュースが流れました。記憶している読者も多いでしょう。アマゾンのような上場会社の場合、株式時価総額で会社の価値を比べることが一般的です。上場会社の株式は証券取引所で日々、売買され株価が時々刻々と変わります。この株価に発行済み株式数を乗じて算出するのが株式時価総額です。

こうした株式時価総額は、専門家の間では「株主価値」または「株主資本価値」と呼び、いくつかある企業価値の定義のなかの一つにすぎません。時価総額のことを「株式価値」と呼ぶ人もいます。

専門的には、単に企業価値と言う場合は、株式時価総額に会社が抱える有利子負債を合算した金額を指します。英語を使ってエンタープライズ・バリューとも呼びます（正確には有利子負債から現預金を差し引いたネット・デット＝純有利子負債を足します）。

ある上場会社の株式をすべて買い取った場合を想像してください。すべての株式を取得するのにかかった金額はまさに株式時価総額であり、この金額が企業価値と思われるかもしれません。

しかし、株式をすべて買い集めて他の株主がいなくなっても、ローンを貸し付けている金融機関や、社債を持っている投資家など債権者が残ります。有利子負債をすべて返済して債権者がいなくなって初めて、その会社を本当の意味で自分の思いのままにできます。会社を我が物にするには、株式を買うお金だけでなく、有利子負債を返す資金も必要です。だからこそ、株式時価総額に有利子負債を足したものが企業価値と言えるのです。会社全体の価値を表すのが企業価値です。

さらに、この企業価値は、事業価値と非事業価値に分けられます。会社は遊休不動産や過剰な現預金など事業には使っていない経営資源を持っています。こうした事業に生かしていない資産の価値は非事業価値と呼びます。企業価値から非事業価値を差し引いたものが事業価値です。会社の価値を表す3つの言葉の関係を図表9-1にまとめました。

企業価値に関する言葉の使い方は、会計基準や法律などで厳密に決めたルールがあるわけ

図表９－１　会社のいろいろな価値

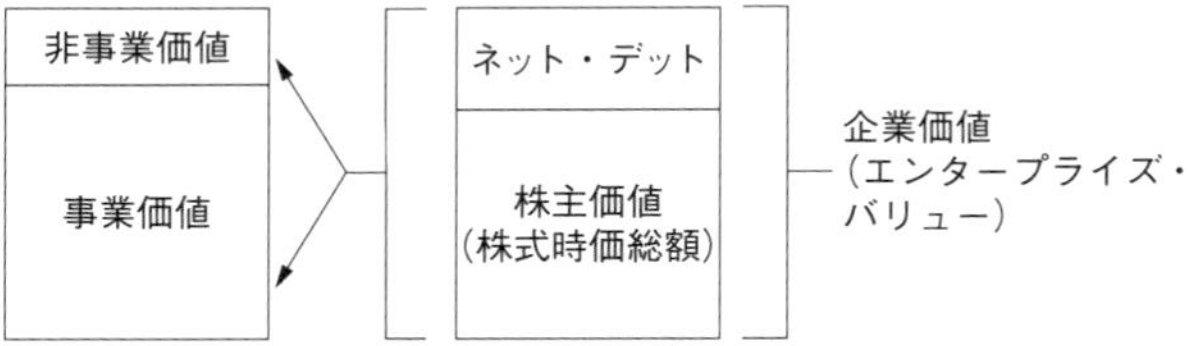

ではありません。使う人や場面によって、用語や言葉の意味が異なったり曖昧だったりします。実務上は、その定義を確認しながら企業価値について議論したり交渉したりする必要があります。

さて、企業価値を理解するのがなぜ重要なのでしょうか。そして、本書が解説してきた財務諸表と企業価値はどういう関係にあるのでしょうか。会社の経営とは少し乱暴な言い方をすれば、できるだけ安く仕入れて高く売って利益を上げることに尽きます。事業を行うのに必要なサービスや財、人材を調達するコストを抑えて、より高い価格で製品やサービスを売るのが会社経営の基本だとすると、ビジネスは常に売ったり買ったりするモノの価値や価格を評価し行うものにほかなりません。

企業価値が問題となる典型的なケースのひとつは、会社がM＆A（合併・買収）を実行するときです。国境を越えた大規模なM＆Aでは買収総額が兆円単位に膨らむことも珍しくありません。M＆Aをする際の買収金額が適正なのかどうか、経営者たちは常に企業価値について説明責任を負います。買った会社の値段について合理的に説明できなければ、経営者は株主から責任を追及されます。

子供が減り高齢者が増える日本では国内マーケットの拡大は見込めません。そこで、日本企業も近年はM&Aに積極的に取り組むようになっています。買い手側だけではなく、売り手側も、会社をいくらで売るのが妥当なのか検討する必要があります。M&Aが増えるにつれ経営の現場では企業価値を問われる場面が増えているのです。

上場会社であれば、株式市場でついている会社の値段つまり株式時価総額が、会社の本当の価値に比べ割高か割安かをいつも考えなければいけません。株価を割安なままに放置しておくと、いずれライバル企業に買収されてしまう可能性が高まります。株価が安いままであれば、新株発行による資金調達も実施しにくくなり成長資金の調達に困ります。

M&Aだけではありません。情報通信の分野を中心にテクノロジーが急速に進歩するにつれ、伝統的な大企業も外部の革新的な技術を取り込む必要に迫られています。有力な方法のひとつが、ベンチャー企業あるいはスタートアップ企業と呼ぶ新興企業との提携です。こうしたスタートアップの株式を取得し資本業務提携する場合にも、いくらの株価つまり企業価値が妥当かという問題が生じます。これから一段の成長を目指す会社にとって、企業価値の評価は避けて通れないのです。

では、財務諸表をみる力をつければ企業価値を正しく評価できるのでしょうか。M&Aも盛んではなく、株式市場の存在感が小さかった過去には、財務諸表はもっぱら貸付金や売掛金など債権回収の確実性を評価するために使われてきました。初めて商取引をする相手企業の主に信用力をみるために財務諸表を分析していました。

会社の信用は過去の積み重ねによって得られます。そういう時代においては、いわば過去の決算実績の蓄積である財務諸表は重宝しました。過去の利益や利益率の推移を時系列で確認したり、過去の利益の蓄積である純資産や現預金の金額を調べたりして、今後の返済能力を評価すればよかったのです。

一方で、M&Aやベンチャー投資では違う見方をします。過去の実績ももちろん大切ですが、投資した後の5年後、10年後に、投資先の会社がどれだけ成長するかを考えます。過去のある時点での財務の状態を示す財務諸表だけをみていたのでは、会社の将来の成長性は評価できません。そもそも、設立間もないスタートアップ企業では、意味のある内容の財務諸表さえない場合もあります。

ためしに、ある米国企業の主な財務数値をまとめた図表9-2をみてください。この会社

図表９－２　ある米国企業の財務数値

（単位：千ドル）

損益計算書から	
売上高	3,122,433
営業利益	▲ 412,257
受取利息	29,103
支払利息	139,232
最終利益	▲ 567,277
貸借対照表から	
現預金	540,282
有価証券	456,303
総資産	1,637,547
長期借入金	2,156,133
株主資本	▲ 1,440,000

の価値はどれくらいでしょうか。売上高は３０００億円を突破しているものの、年間５００億円を超える赤字決算です。おまけに、債務超過です。あなたなら、この会社の株式を買ったり、この会社にお金を貸したりしますか。ここにある数値だけをみたのでは、投資にはなかなか踏み切れないでしょう。

種明かしをします。この決算データは本章の冒頭近くでふれたアマゾン・ドット・コムのものです。とはいっても、２００1年12月期のものです。当時の財務データだけをみて、アマゾンがのちに世界でもっと高い値段がつく会社に成長すると予想できたでしょうか。財務諸表をみるだけでは、将来の成長も織り込んだ企業価値の評価はできないのです。

といっても、財務諸表がまったく無益というわけではありません。企業価値の評価手法そのものは、財務諸表の基本的な見方をベースにできているからです。次の項で、具体的な評価の方法について詳しくみていきます。

2　評価の方法

会社の価値を算出する手法（アプローチ）としては大きく3つあります。貸借対照表の純資産をもとに計算する①ネットアセット・アプローチ、株式市場などで実際に取引された他の会社の株価などと比べて算定する②マーケット・アプローチ、これから会社が生み出す利益などをもとに算定する③インカム・アプローチの3通りです。

どれか1つが正しいというものではありません。それぞれが会社の価値の異なる側面に着目して評価します。実務では、複数のアプローチを使って、それぞれ価値を算定することも多いです。実際に複数のアプローチで算定すると、その結果に乖離があることも珍しくありません。企業価値の評価には絶対的な正解はないのです。

評価アプローチそれぞれに特徴や限界があります。例えば、インカム・アプローチは会社の将来の成長性を評価に反映しやすい特徴があり、動態的な評価アプローチとも呼びます。

反面、ネットアセット・アプローチは会社の将来性などは反映せず、貸借対照表をもとに算定するため静態的な評価アプローチと言われます。

会社がいま置かれている成長ステージや状況によっては、特定のアプローチを採用するのが適切ではない、または必要なデータがないため採用できないこともあります。どの評価アプローチが適切なのかをまず見極めなければいけません。評価する目的や評価対象となる会社の特性などを考えて評価アプローチを決めます。

次に、それぞれのアプローチの特性をもう少し詳しくみていきます。

⑴　ネットアセット・アプローチ

会社の貸借対照表の純資産をもとに会社の価値を評価します。ネットアセット（Net Asset）とは総資産から負債を差し引いた純資産を指します。この手法は専門家の間ではコスト・アプローチと呼ぶことも多いようです。

もっとも単純なのは、貸借対照表にのっている純資産の額をそのまま会社の価値（株主価値）とすることです。そのまま株式数で割れば1株当たりの株価が決まります。バランスシート上の純資産を単に使う方法を簿価純資産法といいます。

しかし、簿価純資産法では、含み益や含み損を反映できません。会社が持つ資産や負債を時価評価しなおして修正バランスシートを作成し実態を映した純資産を算定する方法を、時価純資産法または修正純資産法と呼びます。

ネットアセット・アプローチは貸借対照表の純資産を基準として会社の価値を算定するため一定の客観性があるといえます。会計基準にのっとり導かれた純資産という金額を企業価値の出発点としているからです。

一方で、その会社が持つ将来性などは当然ながら反映しません。これから大きく成長しようというスタートアップ企業を純資産法で評価すると、会社の成長力に比べ企業価値を過少評価してしまう可能性があります。設立間もないベンチャー企業では債務超過の例も多くあり、ネットアセット・アプローチによる評価そのものがそぐわないとも言えます。

中小企業のオーナーが会社を売却するときなどに、ネットアセット・アプローチを使って株価を算定する例がよくみられます。ただ、実際の交渉では、純資産から算定した株価に一定の上乗せ額（プレミアム）をつけて売買価格を決めることが多いようです。

⑵ マーケット・アプローチ

株式市場などマーケットで実際に取引されている価格をもとに会社の価値を決める手法です。もっともわかりやすいのが、市場株価法や株式市価法と呼ぶ、マーケットで株式が日々売買されている上場会社を対象とする評価方法です。

取引所でついた株価が、その会社の価値を表すということです。ただ、株価は時々刻々と動きます。過去１カ月や３カ月など一定期間の株価の平均を使うのが一般的です。株価の平均を計算する場合も、日々の終値の平均をとったり、株式の売買高に応じて加重平均したり、さまざまな工夫をします。

上場していない会社の場合は、上場会社のなかから事業内容などが類似する会社を選びます。その上場会社の株価が純利益など財務数値の何倍かを調べ、その倍率を非上場会社にも適用して株価を算出します。株価倍率法などと呼びます。

例えば、非上場会社A社と類似する上場会社B社の２社について考えましょう。B社の株価はB社の１株純利益の10倍の水準をつけているとします。この時、非上場A社の１株純利益が仮に１００円だった場合、A社の株価は１０００円だと評価します。

株価倍率法で参照する財務数値としては、ＥＢＩＴＤＡ（利払い・税引き・償却前利益）

やＥＢＩＴ（利払い・税引き前利益）を使うことが多いようです。

類似取引法または類似取引比準法と呼ぶ方法もあります。取引所でつく株価ではなく、Ｍ＆Ａでの実際の買収価格などを参照する点が違います。Ｍ＆Ａなどの取引価格は正確に把握できないことも多く、類似取引比準法を利用するケースは限られます。

(3) インカム・アプローチ

会社がこれから稼ぐはずの利益やキャッシュフローをもとに評価する方法です。なかでも、実務上、国際的に最も使われている評価方法が、ＤＣＦ（Discounted Cash Flow）法です。将来のフリーキャッシュフローを現在価値に割り引いて、会社の価値を算定する方法です。よく使う手法なので、ＤＦＣ法については次項でさらに詳しく説明します。

ＤＣＦ法は世界中で多くの専門家が活用し、評価手法として確立したものです。しかし、ネットアセット・アプローチやマーケット・アプローチに比べると、客観性で見劣りする場合があります。客観的に予測できない将来のキャッシュフローをもとに評価するからです。さらに、将来のキャッシュフローの額を求められたとしても、その金額を一定の割引率で現在価値に直すという作業もあります。割引率をいくらに設定するかによって会社の価値の評

図表9－3　3つのアプローチの特徴

項目	インカム	マーケット	ネットアセット
客観性	△	◎	◎
市場での取引環境の反映	○	◎	△
将来の収益獲得能力の反映	◎	○	△
固有の性質の反映	◎	△	○

◎：優れている　○：やや優れている　△：問題となるケースもある
※日本公認会計士協会『企業価値評価ガイドライン』より抜粋

価結果には大きな違いが生まれます。

図表9-3に、3つのアプローチの特徴を示しました。それぞれの評価方法の特性を理解して使い分けることが大切です。

3　DCF法

(1) 基本的な考え方

会社の価値は何をもとに決まるのでしょうか。損益計算書に出てくる純利益が会社の価値に等しいと思う人はまずいないでしょう。損益計算書は1年間の会社の業績を示すだけです。経営者たちは通常、会社が将来にわたり利益を上げ続けることを期待して会社を買収しているはずです。

ファイナンス理論では、会社が将来生み出すキャッシュフローによって企業価値が決まると考えます。会社がこれから生み出す現金の量を合算すると企業価値になると考えるのです。

ただ、注意が必要なのは、会社が将来にわたり生み出す現金を単純に合算した総額が、企業価値に等しいとは言えないことです。例えば、いま手元にある１００万円と、10年後にもらえる１００万円とでは、金額は同じでも、いま手元にある１００万円の価値の方が高いことは直感的に理解できると思います。

お金には現在価値と将来価値という2つの種類の価値があるのです。いま手元にある１００万円を年利10％で銀行に預けたとします。現在の１００万円が1年後には１１０万円になります。この場合、現在の１００万円の1年後の将来価値は１１０万円です。

このケースを逆に考えてみましょう。1年後に１１０万円をもらえる金融商品（銀行預金）の現在価値は１００万円となります。ファイナンス理論ではこれを、1年後の１１０万円を、現在価値に割り引くと１００万円になる、と表現します。

お金の時間的価値を考えたうえで、企業価値と会社が生み出す現金の量との関係を改めて表現するとこうなります。「会社が将来生み出す現金を現在価値に割り引いた金額の総額が会社の価値」です。割り引くことを英語ではディスカウント（Discount）と言います。企業価値の評価手法であるＤＣＦ（Discounted Cash Flow）とは「割り引かれたキャッシュフロー」です。会社が生み出す現金を現在価値に割り引くのがまさにＤＣＦ法なのです。

では、キャッシュフローとは具体的に何でしょうか。しかも、将来のキャッシュフローをどうやって算定するのでしょうか。現在価値に割り引く際の利回りはどうやって決めるのでしょうか。これから、ＤＣＦ法の計算式を構成する各パーツをみていきます。

(2) フリーキャッシュフロー

ＤＣＦ法では、会社が事業活動を通じて生み出す現金のうち、株主と債権者に対して分配できるお金を計算対象とします。これをフリーキャッシュフロー（ＦＣＦ）と呼びます。営業利益から税金を差し引いたうえで、実際には現金支出を伴わない減価償却費を足し戻したり、設備投資の金額を差し引いたりして求めます（図表９－４）。

財やサービスを販売して得た売上高から、原材料費や人件費、管理費などを差し引いた後に残るのが営業利益です。会社は稼いだ利益に課税されるので、利益がそのまま現金として手元に残るわけではありません。そこで、税金を払った後の金額を算出するため、営業利益に（１－税率）をかけます。厳密には、事業用資産から生じる受取利息や配当金を、営業利益に足し戻してから、想定される税金を差し引きますが、ここでは省略します。

次に、減価償却費を足し戻します。減価償却費は損益計算書では費用として営業利益から

図表9－4　フリーキャッシュフローの求め方

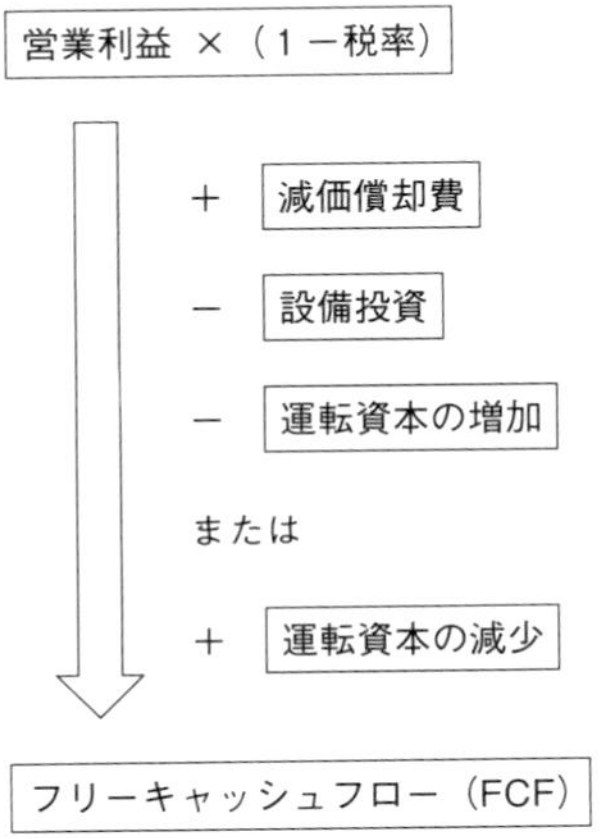

差し引かれています。ところが、減価償却費は実際に現金を支払ったものではないからです。逆に、設備投資でお金を使っても損益計算書には反映しないので、フリーキャッシュフローを求める計算の過程では、設備投資は減額（マイナス）要因となります。

最後に、運転資本の増減額を調整します。運転資本のことをワーキング・キャピタルと呼ぶ場合もあります。実務上は、売掛金など売上債権と在庫の合計額から、買掛金などの支払債務を差し引いた額を運転資本と理解すれば十分です。

例えば、ある期に売掛金だけが大きく増えた場合を考えましょう。売掛金を回収して現金を手にするまでには一定の期間がかかります。それまで、会社としては余分にキャッシュを手元に置いて資金繰りを支えないといけません。

前の期に比べ運転資本が増えたわけです。その分は株主や債権者に渡せるキャッシュが減るのです。運転資本の増加はフリーキャッシュフローのマイナス要因となります。半面、前の期に比べ運転資本が減れば、フリーキャッシュフローのプラス要因です。

フリーキャッシュフローの算出に関連して、ひとつ注意したい点があります。第７章の「連結キャッシュフロー計算書の見方」で解説したフリーキャッシュフローと、ＤＣＦ法でいうフリーキャッシュフローは、言葉は同じでも中身が違います。前者は、キャッシュフロー計算書をもとにして、営業キャッシュフローで生み出した現金から、投資キャッシュフローで使った現金を差し引いて算出します。両者の違いについては、１８９ページのコラムを参照してください。

さて、ＤＣＦ法で必要なのは、会社がこれから稼ぎ出すフリーキャッシュフローです。実務上は、例えば今後5年間の事業計画をつくり、それをもとに今後5年の各年のフリーキャッシュフローを計算します。

ＤＣＦ法で使う事業計画は、単に売上高や利益だけを予想したものでは不十分です。設備

キャッシュフローとDCFの計算

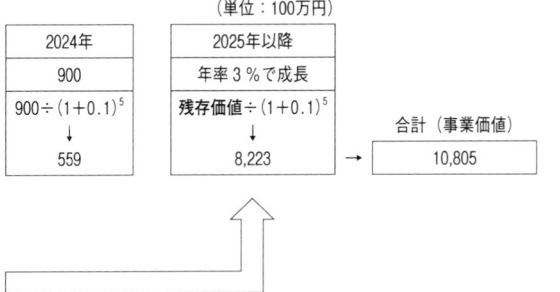

（単位：100万円）

2024年	2025年以降
900	年率3％で成長
900÷(1+0.1)^5 ↓ 559	**残存価値**÷(1+0.1)^5 ↓ 8,223

→ 合計（事業価値） 10,805

投資や減価償却の計画など、フリーキャッシュフローを算定するのに必要な情報を盛り込む必要があります。

図表9-5は、XYZ社の2020年から2024年までの5カ年の事業計画をもとに、各年のフリーキャッシュフローを算定した結果を示したものです。図表に記載している各年のフリーキャッシュフローの金額は、今の時点（2019年）にとっては将来価値を示しています。

DCF法では、各年のフリーキャッシュフローをそれぞれ、現在価値に換算します。便宜上ここでは10％の割引率を使います。いまの時点からみて1年後にあたる2020年のフリーキャッシュフロー5億円の現在価値は、5億円を（1＋0.1％）で割り求めます。事業計画2年目のフリーキャッシュフロー

図表９－５　ＸＹＺ社のフリー

	2020年	2021年	2022年	2023年
各期の予想	500	600	700	800
現在価値 割引率10%	$500 \div (1+0.1)$ ↓ 455	$600 \div (1+0.1)^2$ ↓ 496	$700 \div (1+0.1)^3$ ↓ 526	$800 \div (1+0.1)^4$ ↓ 546

割引率　10%
永久成長率　３%
残存価値　＝　計画最終年度の翌期のFCF　÷　（割引率－永久成長率）
↓　↓
900×1.03　(0.1－0.03)　＝13,243

６億円を現在価値にするには、６億円を（１＋0.1%）で２回割ります。３年目も同様に（１＋0.1%）で３回割って現在価値を求めます。こうして、算出した将来のキャッシュフローの現在価値を合わせたものが会社の価値に相当するというのがＤＣＦ法の考え方です。

では、将来のキャッシュフローといった場合、何年後まで計算するのでしょうか？　今後５年分のフリーキャッシュフローで十分でしょうか。経営者がＭ＆Ａを決断する場合は通常、買収対象となる会社が永続的に、あるいは永久に事業を続けることを前提としているはずです。だからこそ、ＤＣＦ法では、会社が未来永劫にわたり生み出すフリーキャッシュフローを計算します。

１００年後や２００年後あるいは１０００年後と

いった遠い未来に、会社が生み出すフリーキャッシュフローを計算できるのでしょうか。図表9-5に出てくる残存価値という考え方が実は、その答なのです。次項で詳しく説明します。

(3) 残存価値

残存価値は継続価値あるいは英語でターミナル・バリュー（Terminal Value）とも呼びます。残存価値とは、会社が永続的に生み出すフリーキャッシュフローの総額を、事業計画の最終年度の時点における価値として示したものです。さきほどの図表9-5でいえば、2025年以降に会社が未来永劫にわたり生みだすフリーキャッシュフローを、5か年計画の最終年度である2024年時点の現在価値に割り戻した金額です。

会社が永久に生み出すキャッシュフローと言われると、その現在価値は無限に膨らむと感じるかもしれません。しかし、遠い将来であればあるほど、ものすごい回数、一定の割引率で現在価値に割り戻すことになります。無限に続く未来のある時点のフリーキャッシュフローの現在価値は限りなくゼロに近づいていきます。

図表9-5では、5か年の事業計画が終わった後は、毎年3%ずつフリーキャッシュフ

ローが成長する前提にしてあります。この成長率のことを永久成長率と呼ぶこともあります。永続的な成長率を合理的に決めるのはかなり難しいことです。実務上は、国の経済成長率などをもとに決めたり、ほぼ金利がゼロの日本ではゼロにしたりすることも実務の場面では多いようです。

永久成長率を決めれば、残存価値は簡単に求められます。説明は省きますが、数学の無限等比数列の考え方から、残存価値を求める公式を導き出せるからです。事業計画の最終年度の翌期のフリーキャッシュフローを、割引率から永久成長率を差し引いた数値で割れば残存価値が求められます。

永久成長率3％、割引率10％を前提としている図表9-5でいえば、2025年の予想フリーキャッシュフロー（2024年のフリーキャッシュフロー9億円×1.03）を、0・07（0.1－0.03）で割ればターミナル・バリューが出ます。この残存価値は2024年における価値なので、残存価値をさらに現在価値に割り戻すと82億円となります。各年のフリーキャッシュフローの現在価値も合算すると108億円となります。

この例でもわかるように、残存価値が会社の価値に占める比重は大きいのです。つまり、残存価値を求める際の出発点となる、事業計画の最終年度のフリーキャッシュフローと永久成長率によって、ＤＣＦ法による会社の価値の算定は大きく左右されます。そして、割引率をいくらにするかも大きなポイントです。

(4) 割引率

ここまでは便宜的に割引率10%という前提で話をしてきました。実際には、割引率はどうやって決めるのでしょうか。加重平均資本コスト（Weighted Average Cost of Capital）を通常、割引率として使います。英語の頭文字をとったＷＡＣＣという略語を使うことが多く「ワック」と読みます。

会社は普通、外部から資金を調達して事業を営みます。会社にお金を託す投資家は一定のリターンが上がることを期待して投資をしているはずです。例えば、銀行が会社にお金を貸すのは、約束した利息を会社が払ってくれるからです。銀行など債権者が求める利息というリターンは、会社にとっては負債によって生じるコスト（負債コスト）です。

同じように、株主もリターンを期待して株式を買います。株主が求めるリターンは配当や株価の値上がり益です。会社にとっては逆に、株式で資金を集めた場合に生じるコスト（株主資本コスト）です。

図表9－6　WACCの算出方法

$$\text{WACC}=\text{株主資本コスト}\times\frac{\text{株式}}{\text{株式と負債の合計額}}+\text{負債コスト}\times(1-\text{実効税率})\times\frac{\text{負債}}{\text{株式と負債の合計額}}$$

借入金や社債あるいは株式という形で調達した資本のコストを加重平均して求めるのがWACCです。投資家はリスクが大きければ大きいほど、その投資からより高いリターンを求めます。通常は、借入金の利率よりも、株式のコストの方が高くなります。会社が全体として負う資本コストを計算するには、負債と株主資本の構成比率をもとに加重平均します。

WACCの算定式は図表9-6のようになります。図表で「株式」と漠然と書いてあるのは株主資本のことです。ただし、時価でみなければいけません。上場会社であれば株価に発行済み株式数をかけて算出する株式時価総額を使って、資本と負債の構成比率を計算します。未上場会社の場合は、同業の上場会社の比率を参考にしたりします。あるいは、スタートアップ企業の場合はそもそも借入金が実質的にない場合も多く、株主資本コストをそのままWACCとします。

WACCを求める際、負債コストに（1－実効税率）をかけるのは、会社は利息の支払いを税務上は損金として処理できるため、税負担を減らせるからです。キャッシュフローにプラスに働く効果を織り込むのです。

さて、一番疑問に思うのは、株主資本コストはどうやって求めるのか、ということでしょう。借入金の利息や社債の利回りなど負債コストは、実務家であれば日ごろ目にしているものです。ある程度の相場はわかるでしょう。半面、株主資本コストといっても、なにか明示的に出ているものがあるわけでありません。

そもそも、昭和バブル経済の余韻が残っていた1990年代まで、日本の上場会社の経営者の間では株式による資金調達のコストはゼロだという意識さえありました。新株を発行して手に入れた資金は返済の義務がなく、日本では株主が会社に物申すことがあまりなかったため、株主資本コストが無視された時代があったのです。

今では、特に上場会社では経営者は株主の期待にこたえなければなりません。では、株主は具体的に何%のリターンを期待して会社に投資しているのでしょうか。簡単に正解が出る問題ではありません。そこで専門家はファイナンス理論に基づくモデルであるCAPM（Capital Asset Pricing Model）を使って株主資本コストを算出します。

CAPMでは基本的に、投資家はリスクが高い金融商品に投資する時は、リスクが低い商品に投資する時より高いリターンを求める、という前提から出発します。ファイナンス理論では、国が出す債券つまり国債のリスクはゼロと考えるので、まずは国債の利回りが何%かをみたうえで、過去の上場株式の値動きの統計データを分析して、投資家が株式に求めるリターンを求めます。

会計士やコンサルタントといった金融のプロたちも、専門の調査会社から上場株式の統計データを購入して株主資本コストを計算します。ここでは少し乱暴ですが、大雑把な結論だけを記しましょう。東京証券取引所に上場している会社の株主資本コストはざっと7〜8%と考えられているようです。

この数値はあくまでも日本の上場会社の平均値である点には気をつけましょう。国が違えば変わってきますし、同じ日本の会社であっても、規模や業種などによって変わってきます。例えば、設立間もないスタートアップを評価する時に、上場会社と同レベルの株主資本コスト8%を使うのはまれでしょう。逆に言えば、上場会社でさえ株主資本コストは8%あるわけですから、リスクがより高いスタートアップでは15%や20%、30%という株主資本コストを使って計算することが実務上は多いのです。日ごろの業務では、こうした大体の相場観に基づいた分析をして、必要に応じて専門家に計算を依頼するのが現実的です。

(5) 現預金や有利子負債の調整

ＤＣＦ法による会社の価値の算定の手順をまず復習します。①３～５カ年の事業計画をもとに、事業計画の期間中に会社が生み出すフリーキャッシュフローを計算、②事業計画の期間が終わった後も永久に成長する場合の残存価値を算定、③割引率を決めて①と②でもとめた金額を現在価値に割り戻し、その総額を求める――これが基本的なプロセスです。最後に求めた金額は、事業が生み出すキャッシュフローの総額ですので、本章の冒頭近くで説明した「事業価値」に相当します。

この事業価値に、現預金などの金融資産を足すと「企業価値」になります。そこから、有利子負債を差し引くと「株主価値」になり、発行済み株式数で割ると株価が出ます。

ＤＣＦ法では、さまざまな仮定や前提を用います。採用する事業計画の内容を修正すればフリーキャッシュフローの予想が変わります。残存価値も永久成長率をどう設定するかで大きく変動します。さらに、将来のフリーキャッシュフローを何％の割引率で現在価値に割り戻すかによって、結果は全く違ってきます。ＤＣＦ法による評価結果だけではなく、どういう考え方で企業価値を導いたかを理解することが大切です。

〈A〉 経済・金融

3	貿易の知識	小峰・村田
7	外国為替の知識	国際通貨研究所
36	環境経済入門	三橋規宏
44	証券化の知識	大橋和彦
52	石油を読む	藤和彦
60	信託の仕組み	井上聡
73	デリバティブがわかる	可児・雪上
77	やさしい株式投資	日本経済新聞社
78	金融入門	日本経済新聞社
79	金利を読む	滝田洋一
80	医療・介護問題を読み解く	池上直己
81	経済を見る3つの目	伊藤元重
83	はじめての海外個人投資	廣重勝彦
84	はじめての投資信託	吉井崇裕
85	フィンテック	柏木亮二
86	はじめての確定拠出年金	田村正之
87	銀行激変を読み解く	廉了
89	シェアリングエコノミーまるわかり	野口功一
91	テクニカル分析がわかる	古城鶴也
92	ESGはやわかり	小平龍四郎
93	シン・日本経済入門	藤井彰夫
94	医療と介護3つのベクトル	池上直己
95	資源の世界地図	飛田雅則
96	アジアのビジネスモデル 新たな世界標準	村山宏
97	インパクト投資入門	須藤奈応
98	戦後日本経済史	日本経済新聞社
99	カーボンニュートラル	野村総合研究所
100	投資のきほん	日本経済新聞社
101	日本のエネルギーまるわかり	塙和也

〈B〉 経 営

33	人事管理入門	今野浩一郎
70	製品開発の知識	延岡健太郎
74	コンプライアンスの知識	髙巖
76	人材マネジメント入門	守島基博
95	メンタルヘルス入門	島悟
106	ブルー・オーシャン戦略を読む	安部義彦
107	パワーハラスメント	岡田・稲尾
110	ビッグデータ・ビジネス	鈴木良介
112	職場のメンタルヘルス入門	難波克行
113	組織を強くする人材活用戦略	太田肇
116	会社を強くする人材育成戦略	大久保幸夫
117	女性が活躍する会社	大久保・石原
118	新卒採用の実務	岡崎仁美
119	IRの成功戦略	佐藤淑子
121	コーポレートガバナンス・コード	堀江貞之
122	IoTまるわかり	三菱総合研究所
123	成果を生む事業計画のつくり方	平井・淺羽
124	AI(人工知能)まるわかり	古明地・長谷
125	「働き方改革」まるわかり	北岡大介
126	LGBTを知る	森永貴彦
127	M&Aがわかる	知野・岡田
128	「同一労働同一賃金」はやわかり	北岡大介
129	営業デジタル改革	角川淳
130	全社戦略がわかる	菅野寛
131	5Gビジネス	亀井卓也
132	SDGs入門	村上・渡辺
134	サブスクリプション経営	根岸・亀割
135	アンガーマネジメント	戸田久実
136	PDCAマネジメント	稲田将人
137	リモート営業入門	水嶋玲以仁
138	Q&Aいまさら聞けないテレワークの常識	武田・中島
139	ビジネス新・教養講座 テクノロジーの教科書	山本康正
140	日本企業のガバナンス改革	木ノ内敏久
141	ビジネス新・教養講座 企業経営の教科書	遠藤功
142	ジョブ型雇用はやわかり	マーサージャパン
143	いまなら間に合う デジタルの常識	岡嶋裕史
144	KPIマネジメント	佐々木一寿

145 まるわかりChatGPT & 生成AI　野村総合研究所
146 量子コンピュータまるわかり　間瀬・身野

〈C〉会計・税務

1 財務諸表の見方　日本経済新聞社
4 会計学入門　桜井久勝
41 管理会計入門　加登　豊
50 会社経理入門　佐藤裕一
51 企業結合会計の知識　関根愛子
54 内部統制の知識　町田祥弘
57 クイズで身につく会社の数字　田中靖浩
59 ビジネススクールで教える経営分析　太田康広
60 Q&A軽減税率はやわかり　日本経済新聞社

〈D〉法律・法務

2 ビジネス常識としての法律　堀・淵邊
6 取締役の法律知識　中島　茂
11 不動産の法律知識　鎌野邦樹
26 個人情報保護法の知識　岡村久道
27 倒産法入門　田頭章一
30 金融商品取引法入門　黒沼悦郎
32 信託法入門　道垣内弘人
35 不動産登記法入門　山野目章夫
37 契約書の見方・つくり方　淵邊善彦
41 ビジネス法律力トレーニング　淵邊善彦
42 ベーシック会社法入門　宍戸善一
43 Q&A部下をもつ人のための労働法改正　浅井　隆
44 フェア・ディスクロージャー・ルール　大崎貞和
45 はじめての著作権法　池村　聡

〈E〉流通・マーケティング

44 競合店対策の実際　鈴木哲男
48 小売店長の常識　木下・竹山
52 消費者行動の知識　青木幸弘
54 物流がわかる　角井亮一
56 オムニチャネル戦略　角井亮一
57 ソーシャルメディア・マーケティング　水越康介
58 ロジスティクス4.0　小野塚征志
59 ブランディング　中村正道

〈F〉経済学・経営学

4 マクロ経済学入門　中谷　巌
16 コーポレートファイナンス入門　砂川伸幸
22 経営管理　野中郁次郎
28 労働経済学入門　大竹文雄
30 経営組織　金井壽宏
33 経営学入門（上）　榊原清則
34 経営学入門（下）　榊原清則
38 はじめての経済学（上）　伊藤元重
39 はじめての経済学（下）　伊藤元重
40 組織デザイン　沼上　幹
51 マーケティング　恩蔵直人
52 リーダーシップ入門　金井壽宏
55 ポーターを読む　西谷洋介
56 コトラーを読む　酒井光雄
59 日本の経営者　日本経済新聞社
61 行動経済学入門　多田洋介
62 仕事に役立つ経営学　日本経済新聞社
63 身近な疑問が解ける経済学　日本経済新聞社
65 マネジメントの名著を読む　日本経済新聞社
66 はじめての企業価値評価　砂川・笠原
67 リーダーシップの名著を読む　日本経済新聞社
68 戦略・マーケティングの名著を読む　日本経済新聞社
69 カリスマ経営者の名著を読む　高野研一
70 日本のマネジメントの名著を読む　日本経済新聞社
71 戦略的コーポレートファイナンス　中野　誠
72 企業変革の名著を読む　日本経済新聞社
73 プロがすすめるベストセラー経営書　日本経済新聞社
74 ゼロからわかる日本経営史　橘川武郎

日経文庫

財務諸表の見方

1960年6月25日　1版1刷
2023年2月15日　14版1刷
2024年9月6日　2刷

編　者　日本経済新聞社
発行者　中川ヒロミ
発　行　株式会社日経BP
　　　　日本経済新聞出版
発　売　株式会社日経BPマーケティング
　　　　〒105-8308　東京都港区虎ノ門4-3-12
装　幀　next door design
印　刷　東光整版印刷
製　本　積信堂

ISBN 978-4-296-11723-9
Printed in Japan

本書籍に関するお問い合わせ、ご連絡は下記にて承ります。
https://nkbp.jp/booksQA